크리티아스

정암고전총서 플라톤 전집

크리티아스

플라톤

이정호 옮김

아카넷

정암고전총서는 윤독의 과정을 거쳐 책을 펴냅니다.
아래의 정암학당 연구원들이 『크리티아스』 원고를 함께 읽고
번역에 도움을 주셨습니다.
강철웅, 김인곤, 김주일, 김출곤, 이기백, 정준영.

'정암고전총서'를 펴내며

그리스 로마 고전은 서양 지성사의 뿌리이며 지혜의 보고이다. 그러나 이를 한국어로 직접 읽고 검토할 수 있는 원전 번역은 여전히 드물다. 이런 탓에 우리는 서양 사람들의 해석을 수동적으로 수용하는 처지를 완전히 극복하지 못하고 있다. 사상의 수입은 있지만 우리 자신의 사유는 결여된 불균형의 문제를 안고 있는 것이다. 이런 상황은 우리의 삶과 현실을 서양의 문화유산과 연관 지어 사색하고자 할 때 특히 심각한 문제를 야기한다. 우리 자신이 부닥친 문제를 자기 사유 없이 남의 사유를 통해 이해하거나 해결하는 것은 거의 불가능하기 때문이다. 우리의 문제에 대한 인문학적 대안들이 때로는 현실을 적확하게 꼬집지 못하는 공허한 메아리로 들리는 것도 그런 이유 때문일 것이다.

한 공동체에서 살아가는 사람들이 자신들의 생각과 말을 나누며 함께 고민하는 문제와 만날 때 인문학은 진정한 울림이 있는 메아리가 될 수 있다. 이것은 우리가 우리의 현실을 함께 고민하는 문제의식을 공유함으로써 가능하겠지만, 그조차도 함께 사유할 수 있는 텍스트가 없다면 요원한 일일 것이다. 사유를 공유할 텍스트가 없을 때는 앎과 말과 함이 분열될 위험에 노출될 수 있기 때문이다. 이런 점에서 진정한 인문학적 탐색은 삶의 현실이라는 텍스트, 그리고 생각을 나눌 수 있는 문헌 텍스트와 만나는 이중의 노력에 의해 가능할 것이다.

현재 한국의 인문학적 상황은 기묘한 이중성을 보이고 있다. 대학 강단의 인문학은 시들어 가고 있는 반면 대중 사회의 인문학은 뜨거운 열풍이 불어 마치 중흥기를 맞이한 듯하다. 그러나 현재의 대중 인문학은 비판적으로 사유하는 인문학이 되지 못하고 자신의 삶을 합리화하는 도구로 전락하는 경향이 없지 않다. 사유 없는 인문학은 대중의 욕망을 충족시키기 위해 소비되는 상품에 지나지 않는다. '정암고전총서' 기획은 이와 같은 한계상황을 극복할 수 있는 기본적인 토대를 마련하고자 하는 절실한 문제의식에서 시작되었다.

정암학당은 철학과 문학을 아우르는 서양 고전 문헌의 연구와 번역을 목표로 2000년 임의 학술 단체로 출범하였다. 그리고 그 첫 열매로 서양 고전 철학의 시원이라 할 『소크라테스 이전 철학자들의 단편 선집』을 2005년도에 펴냈다. 2008년에는 비영리 공익법인의 자격을 갖는 공적인 학술 단체의 면모를 갖추고 플라톤 원전 번역을 완결할 목표 아래 지금까지 20여 종에 이르는 플라톤 번역서를 내놓고 있다. 이제 '플라톤 전집' 완간을 눈앞에 두고 있는 시점에 정암학당은 지금까지의 시행착오를 밑거름 삼아 그리스 · 로마의 문사철 고전 문헌을 한국어로 옮기는 고전 번역 운동을 본격적으로 펼치려 한다.

정암학당의 번역 작업은 철저한 연구에 기반한 번역이 되도록 하기 위해 처음부터 공동 독회와 토론을 통해 이루어진다. 번역 초고를 여러 번에 걸쳐 교열 · 비평하는 공동 독회 세미나를 수행하여 이를 기초로 옮긴이가 최종 수정하는 방식으로 진행된다.

이같이 공동 독회를 통해 번역서를 출간하는 방식은 서양에서도 유래를 찾기 어려운 번역 시스템이다. 공동 독회를 통한 번역은 매우 더디고 고통스러운 작업이지만, 우리는 이 같은 체계적인 비평의 과정을 거칠 때 믿고 읽을 수 있는 텍스트가 탄생할 수 있다고 확신한다. 이런 번역 시스템 때문에 모든 '정암고전총서'에는 공동 윤독자를 병기하기로 한다. 그러나 윤독자들의 비판을 수용할지 여부는 결국 옮긴이가 결정한다는 점에서 번역의 최종 책임은 어디까지나 옮긴이에게 있다. 따라서 공동 윤독에 의한 비판의 과정을 거치되 옮긴이들의 창조적 연구 역량이 자유롭게 발휘될 수 있도록 노력하였다.

정암학당은 앞으로 세부 전공 연구자들이 각각의 연구팀을 이루어 연구와 번역을 병행함으로써 아리스토텔레스 철학 원전, 키케로 전집, 헬레니즘 선집 등의 번역본을 출간할 계획이다. 그리고 이렇게 출간될 번역본에 대한 대중 강연을 마련하여 시민들과 함께 호흡할 수 있는 장을 열어 나갈 것이다. 공익법인인 정암학당은 전적으로 회원들의 후원으로 유지된다는 점에서 '정암고전총서'는 연구자들의 의지뿐만 아니라 시민들의 소중한 뜻이 모여 세상 밖에 나올 수 있는 셈이다. 이런 점에서 '정암고전총서'가 일종의 고전 번역 운동으로 자리매김되길 기대한다.

'정암고전총서'를 시작하는 이 시점에 두려운 마음이 없지 않으나, 이런 노력이 서양 고전 연구의 디딤돌이 될 것이라는 희망, 그리고 새로운 독자들과 만나 새로운 사유의 향연이 펼쳐질 수 있으리라는 기대감 또한 적지 않다. 어려운 출판 여건에도 '정암고전총서' 출간의 큰 결단을 내린 아카넷 김정호 대표에게 경의와 감사의 뜻을 전한다. 끝으로 정암학당의 기틀을 마련했을 뿐만 아니라 앎과 실천이 일치된 삶의 본을 보여 주신 이정호 선생님께 존경의 마음을 표한다. 그 큰 뜻이 이어질 수 있도록 앞으로도 치열한 연구와 좋은 번역을 내놓는 노력을 다할 것이다.

2018년 11월
정암학당 연구자 일동

'정암학당 플라톤 전집'을 새롭게 펴내며

플라톤의 사상과 철학은 서양 사상의 뿌리이자 서양 문화가 이루어 온 지적 성취들의 모태가 되었다는 점에서 큰 의미를 지니고 있다. 특히 그의 작품들 대부분은 풍성하고도 심오한 철학적 문제의식을 담고 있을 뿐만 아니라 생동감 넘치는 대화 형식으로 쓰여 있어서, 오늘날까지 많은 사람이 최고의 철학 고전이자 문학사에 길이 남을 걸작으로 손꼽고 있다. 화이트헤드는 '유럽철학의 전통은 플라톤에 대한 일련의 각주'라고까지 하지 않았던가.

정암학당은 플라톤의 작품 전체를 우리말로 공유할 수 있도록 하자는 취지에서 뜻있는 학자들이 모여 2000년에 문을 열었다. 그 이래로 플라톤의 작품들을 함께 읽고 번역하는 데 매달려 왔다. 정암학당의 연구자들은 애초부터 공동 탐구의 작업 방식을 취해 왔으며, 이에 따라 공동 독회와 토론을 통해 텍스트를 이해하는 노력을 기울여 왔고, 초고를 여러 번에 걸쳐 교열·비평하는 수고 또한 마다하지 않았다. 2007년에 『뤼시스』를 비롯한 3종의 번역서를 낸 이후 지금까지 출간된 정암학당 플라톤 번역서들은 모두 이 같은 작업 방식으로 이루어진 성과물들이다.

정암학당의 이러한 작업 방식 때문에 번역 텍스트를 출간하는데 출판사 쪽의 애로가 없지 않았다. 그동안 출판을 맡아 준 이제이북스는 어려운 여건에서도 플라톤 전집 출간의 의미를 이해하고 전집 출간 사업에 동참하여 많은 노력을 기울여 주었다. 그 결과 2007년부터 2018년까지 20여 종의 플라톤 전집 번역서가 출간되었다. 그러나 최근 이제이북스의 여러 사정으로 인해 전집 출간을 마무리하기가 어려워졌다. 정암학당은 플라톤 전집 출간을 이제이북스와 완결하지 못하게 된 것에 대해 아쉬움을 표하는 동시에 그동안의 노고에 고마움을 전한다.

정암학당은 이 기회에 플라톤 전집의 번역과 출간 체계를 전반적으로 정비하기로 했고, 이런 취지에서 '정암학당 플라톤 전집'을 '정암고전총서'에 포함시켜 아카넷 출판사를 통해 출간할 것이다. 아카넷은 정암학당이라는 학술 공간의 의미를 이해하고 '정암학당 플라톤 전집' 출간의 가치를 공감해 주었다. 여러 가지 측면에서 많은 어려움이 있었음에도 어려운 결단을 내린 아카넷 출판사에 감사를 표한다.

정암학당은 기존에 출간한 20여 종의 번역 텍스트를 '정암고전총서'에 편입시켜 앞으로 2년 동안 순차적으로 이전 출간할 예정이다. 그러나 이런 작업이 짧은 시간에 추진되었기 때문에 번역자들에게 전면적인 수정을 할 시간적 여유가 주어지지는 않았다. 따라서 아카넷 출판사로 이전 출간하는 플라톤 전집은 일부의 내용을 보완하고 오식을 수정하는 선에서 새로운 판형과 조판으로 출간한다. 이 점에 대해서는 독자들께 양해를 구한다. 정암학당은 출판사를 옮겨 출간하는 작업을 진행하는 동시에, 플라톤 전집 중 남아 있는 텍스트들에 대한 번역본 출간 시기도 앞당길 수 있도록 노력할 것이다. 그리하여 오랜 공동 연구의 결실인 '정암학당 플라톤 전집' 전체를 독자들이 조만간 음미할 수 있도록 최선을 다할 것이다.

끝으로 정암학당의 기반을 마련해 주신 고 정암(鼎巖) 이종건(李鍾健) 선생을 추모하며, 새 출판사에서 플라톤 전집을 완간하는 일에 박차를 가할 것을 다짐한다.

2019년 6월
정암학당 연구자 일동

차례

작품 내용 구분

등장인물

소크라테스(Sōkratēs)

기원전 469~399년. 소크라테스의 아버지 소프로니스코스(Sōphroniskos)는 중견 조각가였고 어머니 파이나레테(Phainaretē)는 산파였던 것으로 전해진다. 이로 미루어 소크라테스는 어린 시절에 경제적으로 그리 어렵지는 않았던 것 같다. 그가 본격적으로 철학에 뛰어든 것은 그의 나이 40세 되던 해, 포테이다이아 전투 출정 직전 델피의 신탁을 확인하는 과정에서 무지의 지를 깨우치면서부터이다. 전장에서 돌아온 후 그는 집안을 돌보는 일은 아예 제쳐두고 거리로 나가 자기와 대화를 나누고자 하는 사람이라면 누구라도 가리지 않고 대화에 끌어들여 상대가 무지의 지를 깨닫기까지 끈질기게 문답을 이끌어 나갔다. 보통의 경우 이러한 가장을 둔 아녀자가 남편에게 어떻게 했으리라는 것은 쉽게 짐작할 수 있다. 이런 점에서 보면 아이를 셋이나 둔 소크라테스의 나이 어린 아내 크산티페(Xanthippē)를 악처의 전형인 것처럼 그리고 있는 이야기들은 소크라테스를 머리에서 발끝까지 흠모했던 사람들이 다소 과장한 결과물로 보인다. 그런데 당시의 아테네는 페리클레스(Periklēs)가 사망하면서(기원전 429년) 통치력이 흔들리기 시작하였고 펠로폰네소스 전쟁이 발발하면서부터는 정치적·사회적 혼란이 더욱 가중되고 있었다. 특히 소크라테스는 아테네 사회가 위와 같이 위기에 빠지게 된 근본적인 배경에 정치가들의 무지와 도덕적 부패, 그리고 그들을 부추기는 타락한 지식인들이 자리하고 있다고 보았다. 그의 철학적 소명이 끈질긴 문답을 통해 그들에 대한 가차 없는 비판으로 어려진 것도 그러한 연유에서였다. 그러나 이미 아집과 교만에 빠진 기득권자들은 이러한 소크라테스의 가르침을 귀담아들으려 하지 않았고, 급기야 기원전 404년 아테네가 스파르타에 무조건 항복하는 것으로 펠로폰네소스 전쟁이 끝나게 되자, 아테네는 이른바 30

인 공포정치를 자초하기에 이르렀다. 그런데 기원전 5세기 말 이와 같은 일
련의 역사적 과정에는 불행하게도 소크라테스와 친분을 갖고 있던 알키비아
데스와 크리티아스가 관련되어 있었다. 특히 크리티아스는 30인 공포정치의
핵심적인 인물이었기 때문에 그와의 친분은 공포정치가 패망한 뒤 다시 부활
한 민주정하에서 소크라테스가 고소당하게 되는 하나의 빌미가 되었다. 그
리하여 소크라테스는 이후 젊은이들을 타락시켰다는 명목상의 이유로 아뉘
토스에게 고소를 당했고, 그를 살리기 위한 주변의 노력도 거부한 채 재판정
에서조차 당당한 교사의 모습으로 자신의 소신을 변론한 후, 진리의 순교자
로서 마침내 독배를 마시기에 이른다.

이 대화편에서의 대화가 이루어지는 시기를 기원전 425년경으로 잡는다면
소크라테스가 철학자로서의 생애를 시작한 지 5년 정도 지났을 무렵일 것이
므로, 그는 45세가량이었을 것이다.

.

크리티아스(Kritias)

'크리티아스'라는 이름은 우선 플라톤의 어머니와 사촌 형제간이면서 앞서
언급했듯 펠로폰네소스 전쟁 패전 후 아테네에서 30인 공포정치를 이끈 과
두정파 크리티아스를 떠올리게 한다. 그래서 옛날 디오게네스 라에르티오스
(Diogenēs Laertios)와 프로클로스(Proklos)를 비롯한 19세기 플라톤 연구가
들은 이 대화편에 등장하는 크리티아스가 과두정파의 크리티아스라고 믿어
의심하지 않았다. 그러나 버넷(J. Burnet)이 아프로디시아스의 알렉산드로스
가 이미 이 대화편의 주인공인 크리티아스와 과두정파의 크리티아스를 구별
했다고 보고한 후, 통상 이 대화편에 등장하는 크리티아스는 과두정파의 크
리티아스가 아니라 솔론의 친척이자 친구였던 드로피데스의 증손이자 '크리
티아스'라는 같은 이름을 가진 제3의 인물이라고 추정하고 있다. 왜냐하면
우선, 이 대화편에 등장하는 크리티아스와 그에게 이야기를 전해 준 '조부 크
리티아스'는 80년 정도 나이 차이가 나고, 둘째로 그 조부 크리티아스에게 솔
론의 이야기를 전해 준 드로피데스(대화편 화자의 증조부)가 기원전 640년경

태어나 솔론과 거의 동시대 사람이라는 점을 고려하면 드로피데스의 아들인 '조부 크리티아스'가 태어난 해는 기원전 600년 전후가 될 것이기 때문이다. 이 대화편의 주인공 크리티아스는 기원전 520년 전후에 태어난 셈이다. 그러나 이와 달리 과두정파의 크리티아스는 플라톤의 어머니와 사촌이었던 것으로 보아 기원전 460년경에 태어났다고 추정되는데, 그가 본격적으로 활동하던 시기가 기원전 404년경임을 고려한다면 그의 탄생 연도를 이보다 더 거슬러 올라가 추정하기는 힘들다. 따라서 이 대화편의 크리티아스는 과두정파의 크리티아스가 아니라 그의 조부에 해당하는 다른 크리티아스였을 것이라는 게 오늘날의 정설이다(〈부록〉 '플라톤과 크리티아스의 가계도' 참고). 그러나 헤르모크라테스의 아테네 방문 시기를 그의 활동에 기초하여 대략 기원전 425~430년경이라고 볼 때, 기원전 520년경에 태어난 것으로 추정되는 크리티아스는 나이가 너무 많은 셈이 되므로(90세에서 95세) 논란의 여지는 여전히 남아 있다. 결국 이 대화편에 등장하는 인물들의 연배와 대화가 이루어진 시기에 관해 정확히 추정할 수 있는 것은 크리티아스가 노인이었다는 것 외에는 없다. 따라서 이 대화편의 대화 설정 연대를 추정하는 것은 별 의미가 없으며, 소크라테스를 제외하고는 애초부터 대화 주제에 맞는 인물들을 가상으로 만들거나 끌어들여 이 대화편을 썼다고 보는 사람들도 있다. 그렇게 보더라도 일단 비장해 두었던 플라톤 가문의 옛이야기를 전해 준다는 점에서 크리티아스를 가문의 연로한 어른으로 보는 것이 자연스러울 것이다. 어쨌거나 이 역본에서는 정설에 따라 다른 화자들이 모두 크리티아스보다 아랫사람이라고 보고, 그의 말을 평어체로 번역하였다.

티마이오스(Timaios)

생존 연도가 불분명하다. 티마이오스는 『티마이오스』에서 우주와 인간의 탄생에 관한 이야기를 담고 있는 『티마이오스』의 중심 화자이다. 『티마이오스』에서 소크라테스는 그가 로크리스 사람이며 재산이나 가문에 있어 누구에게도 뒤지지 않고 그 나라에서 최고의 관직과 명예를 누렸을 뿐 아니라 지혜를 사랑하는 모든 활동에서 최고 수준의 인물이며(20a) 특히 천문학에 밝고 무엇보다도 우주의 본성에 관한 연구를 자신의 일로 여겨 온 사람이라고 소개하고 있다(27a). 그러나 이 대화편 이외에 이 인물에 대해서 언급하고 있는 문헌은 없다. 혹자는 플라톤이 대화편에서 대체로 실명을 사용한다는 점을 들어 티마이오스 역시 플라톤이 여행 중 만난 피타고라스학파 사람이었을 것이라고 추정하지만 플라톤이 창작한 가상의 인물이라고 보는 학자들이 더 많다.

헤르모크라테스(Hermokratēs)

생존 연도는 기원전 460(?)~407년으로 추정되나 탄생 연도가 불분명하다. 헤르모크라테스는 시켈리아섬 시라쿠사 출신으로서 전쟁 경험이 풍부한 용맹스러운 장군이었다. 헤르모크라테스는 아테네가 시라쿠사를 공격하기 위해 시켈리아의 여러 도시들에 참전을 요구했을 때 겔라에 모인 도시 대표들을 설득하여(기원전 424년) 그 요구를 거부하게 함으로써 아테네의 공격을 좌절시킨 사람이다. 헤르모크라테스는 이후 기원전 415년 아테네가 시라쿠사를 쳐들어왔을 때도 아테네 원정군을 물리쳤다. 그러나 기원전 410년에는 스파르타의 동방 원정군에 참여했다가 알키비아데스가 지휘하는 아테네 군에 참패하고 만다. 이 때문에 그는 조국으로부터 추방되었다가 기원전 408년 시켈리아로 돌아갔으나 정적이었던 민주파의 디오클레스의 반대로 정작 시라쿠사에는 입국할 수 없었다. 이후 헤르모크라테스는 디오클레스의 부도덕과 무능을 민중에게 알려 그를 권좌에서 추방시키는 데 성공한다. 그러나 민중들은 헤르모크라테스 역시 독재정치를 할 것이라는 두려움 때문에 그를 거부하고 결국은 살해해 버린다.

앞에서 언급했듯이 정말 플라톤은 이 대화편에 등장인물들을 순전히 주제에 따른 대화자의 역할만 고려해서 가상적으로 끌어들인 것일까? 만약 그랬다면, 헤르모크라테스가 아테네에 두 번이나 타격을 가할 정도의 훌륭한 군인이자, 겔라의 회의를 주도할 정도로 탁월한 역량을 갖춘 정치가라는 점, 그럼에도 민중들은 그를 살해하고 오히려 어리석게도 더 지독한 참주정을 맞이하게 된다는 점 등은 왜 플라톤이 철인왕정 이상 국가의 실제적·군사적 운용과 관련한 3부작의 주요 화자로 헤르모크라테스를 택했는지 짐작게 해 준다.

일러두기

- 전집 번역의 기준 판본으로 옥스퍼드 고전 텍스트(OCT) 시리즈, 버넷판 플라톤 전집(J. Burnet ed., *Platonis Opera*, 5 vols.)을 사용하였다.

- 좌측과 우측 여백에 표기된 것은 플라톤 작품의 인용 기준으로 널리 확립된 이른바 '스테파누스판 『플라톤 전집』(H. Stephanus, *Platonis Opera quae extant omnia*, 1578)'의 쪽수 및 단락 표시이다.

- 원문에는 본문이 장별로 구분되어 있지 않지만 독자들의 편의를 위해 세부 내용에 따라 본문을 크게 네 부분으로 나눈 다음 제목을 달았다.

- 버넷판 하단에는 사본 차이에 따른 독해 및 교정 관련 각주들이 기재돼 있지만 여기에서는 따로 설명하지 않았으며, 부분적으로 버넷판과 다른 판본이나 교정 부분을 역본의 원문으로 택하였을 경우에만 주석을 붙여 설명했다.

- 작품 안내 및 부록에 해당하는 주석은 각주로 처리하였으나, 본문을 이해하는 데 필요한 기본적인 사항과 그리스어 원문 독해에 관한 본문 주석은 관심 있는 독자들이 선택하여 참고할 수 있도록 모두 미주로 처리하였다.

- 원문의 지시어는 구체적으로 내용을 지칭해 주는 것이 좋다고 판단될 경우 풀어서 번역하였다. 또 직역하면 어색하다고 판단한 일부 문장들은 원문의 뜻을 살려 최대한 자연스럽게 고치되, 필요한 경우 주석에 설명을 붙였다.

- 대화편 본문의 역어들 중에서 그리스어 표기가 필요한 것들은 주석에서 밝히거나 찾아보기에 포함시켜 관심 있는 독자들과 연구자들이 참고할 수 있도록 했다.

- 찾아보기 항목은 대화편 본문에서만 뽑았으며 이 대화편에 대한 독자들의 관심을 고려해 아틀란티스섬에 관한 항목을 많이 포함시켰다.

- 둥근 괄호 ( )는 한자, 그리스어를 병기하기 위해 사용했으며 그리스어는 독자들의 편의를 위해 로마자로 표기하였다. 사각 괄호 [ ]는 문맥을 이해하는 데 도움을 주거나 번역을 자연스럽게 하기 위해 원문에 없는 내용을 옮긴이가 본문에 첨가한 경우, 각주에서 첨가한 부분을 밝히는 데 사용했다. 또, 둥근 괄호 ( )가 중복될 경우 혼란을 피하기 위해 바깥 괄호를 사각괄호 [ ]로 사용했다.

- 그리스어의 우리말 표기는 고전시대 발음에 가깝게 표기했다. 특히 후대 그리스어의 이오타시즘 (iotacism)은 원칙적으로 따르지 않았다. 단, 다음과 같이 우리말 안에 들어와 굳어졌거나 여러 분야에서 이미 보편적으로 통용되고 있는 국가명이나 지역명에 한해서는 예외로 하여 굳어진 대로 표기했다. 그리스(헬라스), 이집트(아이귑토스), 리비아(리뷔에), 유럽(에우로페), 아테네(아테나이).

크리티아스

크리티아스

1. 들어가는 대화

티마이오스 : 소크라테스 선생님, 긴 여행을 마치고 한숨을 돌리 106a
는 사람마냥 참 기쁘군요. 이제 이야기의 여정¹에서 홀가분하게
벗어났으니 말입니다. 그럼 실제로는 아주 오래전에 태어나셨
지만 이야기상으로는 지금 막 태어나신 신²에게 기도를 올릴까
합니다. "언급된 것들 중 이치에 맞게 이야기된 것에 대해서는
그 내용의 온전함을 길이 보전케 해 주시고³ 그것들과 관련하여
본의 아니게 뭔가 이치에 어긋난 말을 했다면 그에 합당한 벌   b
을 내려 주소서"라고 말입니다. 그런데 올바른 벌이란 틀린 소
리를 한 사람으로 하여금 제대로 된 소리를 하도록 만들어 주는
것이겠지요.⁴ 그러므로 앞으로 우리가 신들의 탄생에 관해 올바   c
르게 이야기할 수 있도록 약 중에서 가장 완전하고도 좋은 묘약

25

인 지식⁵을 우리들에게 내려 주십사 신께 기원드립시다. 그리고 기원이 끝나면 합의한 대로⁶ 그 다음 이야기를 크리티아스 선생님에게 넘기도록 하죠.

크리티아스 : 그래, 티마이오스, 이야기를 내 이어받도록 하지. 그런데 자네가 이야기 서두에서 장차 중대한 것에 관해 이야기할 참이니까 너그럽게 잘 봐 달라는 부탁을 한 것처럼⁷ 지금 나도 그와 똑같은 양해를 구하고자 하네. 아니, 지금부터 내가 하려고 하는 이야기에 대해서 오히려 한층 더 너그럽게 봐 주었으면 해. 물론 난 내 부탁이 아주 주제넘고 지나친 결례인 줄은 잘 알고 있네만, 그래도 그렇게 말할 수밖에 없네그려. 하기야 지각 있는 사람이라면 누가 감히 자네 이야기를 훌륭하다 하지 않겠는가. 그러나 이제부터 내가 하려는 이야기는 더 어려운 것인지라, 자네보다 나에게 더 많은 양해가 필요하다는 것을 어떻게든 보여 주도록 노력해야겠네.⁸ 티마이오스여, 사실상 사람들을 상대로 신들에 관해 무엇인가를 이야기하는 것은 우리들을 상대로 사멸하는 것들⁹에 관해 이야기하는 것보다 충실하게 잘 이야기하는 것으로 여겨지기 쉽다네. 청중이 듣는 내용에 대해 경험한 바도 없고 완전히 무지한 상태에 있다는 것은 그런 것들에 관해 무엇인가를 이야기하려는 사람에게 아주 좋은 여건을 마련해 주기 때문이지. 사실상 우리가 신들에 관해 얼마나 알고 있는지는 우리 스스로가 잘 알지 않나.¹⁰ 어쨌거나 내가 말하고자 하는 것

107a

b

26

을 좀 더 분명하게 하려는 것이니 다음과 같은 점을 감안하면서 내 이야기를 따라와 주게나.

우리 모두에게서 나오는 이야기는 물론 모두 다 모방이자 모사[11]일 수밖에 없네. 그런데 자, 화가들이 신들과 사람들의 형체를 그림으로 그릴 경우, 그것이 관람자들 눈에 충분히 잘 모사된 것으로 보이게 하는 것이 쉬운 일인지 어려운 일인지를 한번 살펴 보기로 하세. 그러면 우리는 이런 점을 알아차리게 될 걸세. 우선 대지나 산, 강, 숲이나 하늘 전체, 그리고 하늘 주위에 있으면서 그것을 도는 모든 천체들에 대해서는 화가가 뭔가 조금만 그것들과 비슷하게 그려도 잘 모사했다고 여기고 우리가 이내 흡족해 한다는 것을 말일세. 더구나 그러한 것들에 관해 아무것도 확실한 것을 알지 못하는 한, 그려진 것을 자세히 살펴보거나 검토해 보지도 않고, 부정확하고 거짓도 섞인 소묘 같은 것을 그저 맞게 그렸다고 받아들일 것이라는 것도 말일세. 그러나 다른 한편 우리는 어떤 사람들에 대해서는 까다로운 비평가가 된다는 것도 알게 될 걸세. 누군가가 우리들의 몸을 모사하려고 할 경우, 함께 늘 붙어 있어 익히 잘 알고 있는 게 몸인지라, 우리는 그림에서 무엇이 빠졌는지 금방 알아차리거든. 그러니 몸 구석 구석을 다 똑같이 그려 내지 않은 사람들에게는 그렇게 까다롭게 되는 것이지.

이야기를 하는 경우에도 실로 이와 같은 일이 일어난다는 것

을 우리는 알아야 하네. 천상 세계나 신들에 대해서는 조금만 그
럴듯하게 묘사되어도 금방 만족스러워하면서도 사멸하는 것들
이나 인간들에 대해서는 꼬장꼬장하게 따지고 드니 말일세. 그

e   러니 방금까지 별 준비 없이 즉석에서 한 이야기이긴 하지만 내
이야기들을 고려해,[12] 비록 적절한 것을 구석구석 다 표현해 내
지 못한다 하더라도 양해해 주길 바라네. 사멸하는 것들을 사람
들의 기대만큼 묘사한다는 것이 얼마나 어렵고 힘든 것인지를

108a 염두에 두어야 하니까 말일세. 이런 점을 자네들이 유념해 주길
바라는 마음에서, 그리고 장차 이야기되는 것들에 대해 앞서 이
야기에 못지않은, 아니 더 많은 양해를 구할 겸, 이 모든 것을 이
야기한 것이네. 소크라테스여, 만일 호의를 구하고자 하는 내 부
탁이 정말로 일리가 있다고 생각한다면 기꺼운 마음으로 호의를
베풀어 주시게나.

소크라테스 : 크리티아스 선생님, 우리가 어찌 그것을 마다하겠습
니까. 나아가 셋째 번 화자로 이야기해 줄 헤르모크라테스에게
도 그와 똑같은 선의를 베풀어 드리도록 합시다. 왜냐하면 머지
않아 그가 이야기해야 할 차례가 되었을 때, 그도 당신들과 똑같

b   은 부탁을 할 게 분명하기 때문입니다. 그러니 다른 서두를 꺼
내 들고서 같은 것을 말해야 하는 처지에 놓이지 않도록, 그에게
도 자신이 이야기하게 되었을 때 그런 양해가 주어졌을 것이라
고 여기게끔 해 줍시다. 그러나 크리티아스 선생님, 그래도 미리

듣는 사람으로서의 생각을 당신에게 말씀드리겠습니다. 앞에 나온 시인[13]은 청중인 우리들로부터 놀라울 정도의 평판을 얻었으므로, 만약 선생님께서 그에 필적할 정도의 평판을 얻으시려면, 선생님으로서는 뭔가 아주 특별한 양해가 필요할 것이라는 걸 말입니다.[14]

헤르모크라테스 : 아이고, 소크라테스 선생님, 여기 이분에게 충 c 고를 하시면서 저에게도 똑같은 충고를 하고 계시는군요. 그렇지만 크리티아스 선생님, 아직껏 겁을 먹은 남자가 승전탑[15]을 세운 일은 없습니다. 그러므로 용기를 내 이야기를 펼쳐 나가셔야 합니다. 그리고 파이온과 무사 여신들[16]의 가호를 빌며 옛 시민들의 훌륭함을 분명하게 드러내 칭송해 주셔야 합니다.

크리티아스 : 친애하는 헤르모크라테스여, 자네가 순서상 뒤쪽이고 자네 앞에 다른 사람이 있으니 아직 자신감이 있는 것이네. 이것이 어느 정도의 일인지는 자네가 이 일을 하게 되는 즉시 알게 될 걸세.[17] 그러나 아무튼 자네가 나를 북돋아 주고 격려해 주 d 는 것이니, 자네 말을 믿어야겠지. 그리고 자네가 말한 신들에 덧붙여 다른 모든 신들, 특히 므네모쉬네[18] 신에게 가호를 구해야겠네. 왜냐하면 우리 이야기에서 가장 중요한 것은 거의 다 이 신에게 달려 있기 때문일세. 사실 옛날 이집트 신관들이 언급하고 솔론[19]이 이곳 아테네에 전해 준 것을 잘 기억해 내 전달할 수만 있다면, 우리로서는 여기 계신 청중들에게 제대로 소임을 다

했다는 생각이 들 거라는 걸 난 거의 알고 있거든. 그러니 이제
이 일을 수행해야 할 것 같네. 더 이상 지체해서도 안 될 것이고.

2. 옛 아테네와 선조들

e 　그러면 우리는 무엇보다도 헤라클레스의 기둥[20] 바깥쪽에 살고
있는 사람들과 안쪽에 살고 있는 사람들[21] 모두에게 이 전쟁이
일어났다고 전해진 이후, 대략 9000년[22]이 지났다는 점을 기억해
두어야 할 걸세. 이제 그 전쟁에 대해 자세히 이야기해야겠네.
전해지기로, 우리나라는 그 한쪽 군대를 지휘하여 전쟁의 전 과
정을 치러 냈고 다른 쪽이었던 상대편 군대는 아틀란티스[23]섬의
왕들이 지휘하였는데, 우리는 앞서 아틀란티스섬이 당시 리비아
와 아시아보다도 큰 섬이었다고 말한 바 있네.[24] 그런데 지금은
109a 지진으로 가라앉아 이쪽에서 대양 쪽으로[25] 항해하려는 사람들을
가로막는 뻘이 되어 버렸으며 결국은 더 이상 나아갈 수 없게 만
드는 장애물이 되어 버렸지.[26]

　많은 이방 민족들과 당시 존재했던 그리스 종족[27]들에 관해 전
개될 일련의 이야기들은, 이를테면 두루마리가 펼쳐지듯 각 곳
에서 일어난 일들을 하나하나 보여 줄 것일세. 그런데 이야기를
시작하면서 우선적으로 살펴보아야 할 것은 당시 아테네 사람들
과 그에 맞서 싸운 적들에 관한 것, 즉 두 나라 각각의 국력과 정
치체제[28]에 관한 것들이네. 이 중에서도 먼저 여기 이곳, 아테네

에 관해 말하는 것에 우선권을 주어야겠지.

그 옛날, 신들은 추첨을 통해 땅 전체를 영역[29]별로 분배했   b
다네.[30] 싸움을 통해 나누었던 것은 아니란 말일세.[31] 사실 신들
이 각자 자신에게 적합한 것을 알지 못했다거나, 또 알고는 있
었음에도 다른 신들에게 더 적합한 것을 싸움을 걸어 자기 것
으로 삼으려 했다고 생각하는 것은 옳지 않거든. 그리하여 신
들은 정당한 추첨에 의해[32] 각기 자신의 몫을 얻어 영토[33]를 정
했고, 영토가 정해지자 목동이 양을 기르듯 우리들을 자신들의
소유이자 돌볼 대상[34]으로 길렀던 것이네. 이때 그들이 목동이
회초리로 양떼를 때리듯 신체에다 완력을 가해 강압하는 일은   c
없었네.[35] 오히려 그들은 생명체를 다루는 데 가장 손쉬운 방식
으로, 이를테면 뱃사공이 선미에서 뱃머리를 똑바로 이끌어 가
는 것처럼, 설득이라는 키로써 신들 자신의 의도에 따라 영혼
을 붙잡는 방식으로 사멸하는 모든 것들[36]을 배를 조종하듯 이
끌어 갔던 것이네.[37]

그런데 각각의 신들이 추첨에 의해 각자의 영역을 배당받고
제 할 일들을 정비해 간 반면, 헤파이스토스와 아테나[38]는 같은
부모를 둔 남매인 동시에 똑같이 지혜와 기술을 사랑하는 등 서
로 통하는 본성을 가지고 있어서, 이 아테네 지역을 하나의 몫으
로 배당받았던 거야. 원래 이 지역이 덕[39]과 지혜를 양성하는 데   d
에 적합한 장소였기 때문이지. 그리고 그 두 신은 훌륭한 자들을

토착 백성으로 정착시켜 그들의 마음속에다 나라의 질서[40]를 새겨 넣었던 것일세. 이 사람들의 이름이 남아 있기는 해도, 그 후계가 끊어진 데다 오랜 세월이 흘러 그들의 행적은 묻혀 버리고 말았지만 말일세. 그들의 혈통이 줄곧 살아 이어지긴 했어도 앞에서도 언급한 대로[41] 산속에 사는 배우지 못한 자들로 남게 되어 그 지역 지배자들의 이름 정도만 들어 알고 있었을 뿐, 그 밖의 그들의 행적에 대해서는 거의 알고 있지 못했던 것이지. 그래서 그들은 그저 자손들에게 그 이름들을 붙여 주는 것으로 만족했던 것이네. 선조들의 훌륭함과 관습[42] 그 각각에 대해서는 뭔가 막연하게 들었던 것 외에는 알고 있는 게 없었지. 종족 대대로 먹고사는 게 문제였으므로 그들과 아이들은 그것에 정신이 팔려 오직 그에 대한 얘기만 일삼았고, 선조들에게 일어났던 먼 옛날 일들에는 소홀하였던 것이네. 옛날이야기나 옛것에 대한 탐구는 사람들이 생존에 필요한 것이 다 갖추어져 있다는 것을 알았을 때, 여가와 함께 비로소 도시들을[43] 찾아드는 것이기 때문이지.

110a

실로 이러한 연유로 옛날 사람들의 업적은 온데간데없어지고 이름만 남아 있게 된 것일세. 내가 그것의 증거를 말하겠네. 즉, 솔론이 말하는 바에 따르자면, 이집트 신관들은 당시의 전쟁을 세세히 기술할 때, 케크로프스, 에레크테우스, 에리크토니오스, 에뤼시크톤[44] 및 기타 대다수 영웅들 — 즉 테세우스[45] 이전 사람

b

들로 그 각각의 이름들에 관해 전해지고 있는 사람들 — 의 이름
을 거명하면서 기술했다는 거야. 같은 방식으로 여자들의 이름
도 거명하면서 말일세. 게다가 당시에는 여자와 남자 모두 전쟁
에 관한 임무를 똑같이 가졌으므로 무장한 여신상은 당시 관습
에 따라 당시의 사람들에게는 봉납 신상일 수 있었는데,[46] 그 여
신 그림과 여신상 또한 '떼 지어 사는 것은 암수를 불문하고 다   c
똑같이 각기 고유한 탁월성을 실천할 수 있는 능력을 타고난다'
는 것을 보여 주는 증거라 하겠네.[47]

그런데 당시 이 아테네 지역에는 시민 계층들 중 수공업에 종
사하는 계층 외에도 땅에서 식량을 생산하는 계층이 살고 있었
고, 다른 한편으로는 군인 계층이 신적 인간들에 의해[48] 처음부
터 격리된 채 따로 살고 있었다네.[49] 양육과 교육[50]에 필요한 모
든 것을 구비하고서 말이네. 즉, 그들 중 그 어느 누구도 그들 자
신의 사적인 소유물을 갖고 있지 않았으며 모든 것을 그들 모두
의 공유물로 간주하였고, 식량[51] 또한 생존에 필요한 정도 외에   d
는 일절 다른 시민들로부터 얻으려 하지 않았네. 그러면서 그들
은 어제 거론되었던 임무 일체,[52] 즉 우리가 제안했던 수호자들
에 대해 언급한 모든 것들을 실천에 옮기고 있었던 것이네.

나아가 우리 지역에 관해 언급된 것[53]으로서 믿을 만하고 참
된 것이 있는데, 그 내용인즉슨 우선 이 지역의 경계가 이스트모
스[54]에 접하고 내륙 다른 쪽은 키타이론과 파르네스[55] 산정에까   e

지 미쳤으며, 그 경계 또한 오른쪽으로는 오로피아[56]를 끼고 아래로 내려가 바다에 면해 있었고, 왼쪽으로는 아소포스강[57]에 닿아 있었다는 것이야.[58] 그리고 그 경계선에 둘러싸인 이 땅은 그 어떤 땅보다도 비옥하였고 바로 그 때문에 당시 농사일을 면제받고 있었던 대부대까지 먹여 살릴 수 있었다더군. 그 땅이 비옥했다는 유력한 증거가 있어. 지금 남아 있는 이 땅도 온갖 농

111a 작물들을 알차게 여물게 하거나 모든 가축들에게 좋은 목초지가 된다는 점에서는 어떤 지역에도 뒤지지 않거든. 그런데 당시 이 땅은 그 훌륭함에 더해 산출량 또한 엄청났던 게야.

그러면 과연 이 말이 얼마나 믿을 만한 것일까? 그리고 지금 남아 있는 땅[59]이 당시의 땅 중 일부라고 한다면 그 말은 무엇을 근거로 맞는 말이 되는 것일까? 이 땅은 전체가 다른 쪽 대륙에서부터[60] 대양 쪽으로 길게 뻗어 마치 곶처럼 놓여 있고 그것을 둘러싼 연안의 해저면[61]은 우연찮게도 어느 곳이나 모두 깊다네. 그리고 9000년 동안 — 그 시절부터 지금까지 그만한 세월이 지

b 나갔네 — 대홍수가 여러 차례 일어나고 그 기간 내내 고지대로부터 토사가 흘러내리는 재해를 겪다 보니, 흙이 다른 지방처럼 이렇다 할 만한 퇴적층을 이루지 못한 채, 언제나 소용돌이치듯 돌면서 흘러내려 가 깊은 바다 속으로 사라져 버렸던 거야.[62] 그리하여 당시에 비해 지금은, 비옥하고 부드러운 토양이 모조리 유실되어, 마치 병든 몸의 뼈마냥 앙상한 땅덩이만 남게 된 것이

네. 작은 섬에서나 일어날 법한 일이 일어난 것이지. 그러나 당시는 재해를 입지 않은 상태라 산들은 개간하기 좋은 높은 구릉 지대[63]들을 가지고 있었고 오늘날 '돌흙[64] 평야'라고 이름 붙여진 곳 또한 비옥한 땅으로 가득 채워져 있었으며, 산들에는 숲이 울창하였네. 그것에 대해서는 눈으로 확인할 수 있는 확실한 증거가 아직도 남아 있지. 산들 중에는 오늘날 벌들에게 먹잇감 정도를 주는 게 고작인 곳도 있지만, 얼마 전까지만 해도 가장 큰 집의 덮개로 쓰이는 나무들을 거기서 베었고 그것으로 만든 지붕들[65]은 아직도 건재하거든.[66] 그리고 그 밖에도 키가 큰 재배나무들[67]이 많아 가축들에게[68] 무진장으로 사료를 제공해 주었네.[69]

게다가 제우스 신께서는 풍부한 결실을 맺도록 매년 비를 내려 주셨지.[70] 그리고 그때는 지금처럼 빗물이 벌거숭이 땅에서 바로 바다로 흘러가 없어져 버리는 일은 없었네. 오히려 토양이 두터웠던지라 빗물을 받아들여 담수가 잘 되는 점토로 된 땅에 저장해 두었다가, 그 흡수된 물을 고지대에서 계곡들로 흘려보내 모든 지역에다 풍부한 샘물줄기와 강물줄기를 제공했다네. 이전에 그 물줄기들에서 솟아나는 샘들이 있었던 자리에는 아직까지도 신전들이 남아 있는데, 그것이 지금 이 땅에 관해 이야기한 내용이 옳다는 증거라 하겠네.

아무튼 이것이 아테네 바깥 나머지 지역의 자연 조건이었네. 그리고 그 땅은 우리가 능히 짐작할 수 있듯이, 진정 농부답고 각자 자신의 일을 행하는[71] 그런 농부들에 의해 잘 가꾸어졌네. 그들은 아름다운 것을 사랑하고 좋은 천성을 가진 사람들로서 최상의 기름진 땅과 풍부한 물을 갖추고 있었으며, 지상에서는 최적의 계절과 기후의 혜택을 누리고 있었던 것일세.

112a
그런데 도시 중심부[72]는 당시 다음과 같은 상태에 놓여 있었네. 우선 아크로폴리스에 관한 것인데, 당시의 모습은 지금과 달랐어. 즉, 하룻밤 사이에 엄청나게 내린 폭우가 토사를 씻어 내 그곳을 벌거숭이로 만들고 동시에 지진과 함께 대홍수 — 데우칼리온의 대재앙보다 시기상 세 번째 앞서 일어난 대홍수[73] — 가 일어나 아크로폴리스를 지금과 같이 만들어 버린 것이지. 그러나 그런 시절 이전까지 아크로폴리스는 그 크기가 에리다노스강과 일리소스강[74]에 이르렀고 안쪽으로는 프뉙스 언덕을 에워싸고 있었으며 바깥으로는 프뉙스 언덕 맞은 편 뤼카베토스 언덕[75]을 경계로 삼고 있었네. 그리고 전체가 흙으로 덮여 있었으며 몇
b
곳을 제외하고는 고원을 이루고 있었다네. 그리고 아크로폴리스 바깥쪽 비탈 아래편은 수공업자들과 그 부근에서 농사를 짓는 농부들이 살고 있었고, 그 꼭대기 쪽에는 군인 계층이 그들끼리만 독자적으로 아테나와 헤파이스토스 신전 주위에 거주하고 있었네. 그들은 그 신전이 마치 한 집의 정원인 양, 한 울타리로 신전을 둘러싸고 거주하고 있었던 것이지. 그들은 북쪽 지역에 공동 주거지를 마련하고 겨울용 공동 식당을 세웠다네. 그리고 그

들은 자기들과 신관들[76]의 공동생활과 직무[77]에 필요한, 건물 건축상의 제반 시설들을 완비하고 있었지만[78] 그것들을 금과 은으로는 장식하지 않았네.[79] 즉, 어디에도 그런 것을 사용하지 않고 오히려 호사스러운 것과 볼품없는 것의 중간 정도의 것을 장식의 주안점으로 삼아[80] 거주할 집을 지었으며, 그 안에서 자신들과 자신들의 자손이 늙을 때까지 지냈고, 그들을 닮은 다른 사람들[81]에게 때가 되면 늘 그 집을 그대로 대를 이어 물려주었네.[82] 그런데 여름철이 되면 으레 그러하듯, 정원과 체육관과 공동 식당은 사용하지 않았는데 그때에는[83] 대신 아크로폴리스 남쪽 지역을 그와 같은 용도로 이용하였네. 그리고 지금 아크로폴리스가 있는 자리 근처에는 샘이 하나 있었는데, 지금은 그것이 지진으로 메말라 버려 주변에는 작은 개천만 남아 있어도, 당시에는 겨울철이나 여름철에 두루 적합한[84] 풍부한 물줄기를 모든 사람들에게 제공하였다네.

그리고 그들은 이렇게 살았다네. 즉, 그들은 시민의 수호자로, 그리고 다른 모든 그리스 사람들도 기꺼이 인정하는 지도자로 살아가면서, 전투하기에 너무 나이가 많거나 적지 않은 자들로서 남녀 군인들의 수가 최대 약 2만 명 정도로 늘 유지될 수 있도록 면밀하게 살펴 가면서 지냈던 것이네.

자, 이상이 실로 우리 아테네 선조들의 됨됨이로서, 그들은 항상 그런 방식으로 그들 자신의 땅과 그리스를 정의롭게 통치하였고, 신체적 아름다움에서나 영혼의 모든 훌륭함의 측면에서 유럽과 아시아 전체에 두루 알려져, 당시의 모든 사람들 가운데 가장 명성이 자자했던 사람들이었네.

3. 아틀란티스섬과 사람들

그럼 그들과 대적했던 사람들이 어떤 사람들이었고 본래 어디에서 태어난 사람들인지를 친구인 자네들과 공유할 수 있도록 지금 다 터놓고 이야기 나누기로 하세. 어렸을 때 들었던 이야기[85]를 우리가 잊지 않고 기억하고 있다면 말일세. 그런데 그 이야기에 앞서, 종종[86] 이방인들이 그리스식 이름으로 불리는 것을 듣게 되더라도 자네들이 놀라지 않도록 간단히 밝혀야 할 게 있네. 이제 자네들은 그 연유를 알게 될 걸세. 즉, 그 이야기를 자신이 시를 창작하는 데 활용하고자 마음먹고 그 이름들의 의미를 조사할 때, 솔론은 이집트 사람들이 그 이름들을 문자로 처음 기록하면서 자기네 말로 바꾸어 놓았다는 것을 알아차렸다네. 그래서 그는 다시 본래 뜻을 되살려 그 이름들 각각을 우리말로 바꿔 기록해 두었지. 바로 이 기록이 내 조부님의 수중에 있다가 지금 내 수중에 아직까지 남아 있는 것이라네. 내가 어렸을 적 그것을 열심히 학습했던 것이지. 그러니 그러한 이름들이 이곳 사람들의 이름인 양 들리더라도 자네들은 절대 놀라서는 안 되네. 자네들은 그러한 이유를 들었으니 말이야. 자, 그 긴 이야기의 시작은 대충 이러하네.

앞에서 신들이 땅을 배분한 것에 대해 이야기할 때, 그들이 땅 전체를 여기는 큰 몫으로 저기는 작은 몫으로 나누고 자신들 을 위해 제물과 신전을 마련하였다고 언급했듯이,[87] 포세이돈[88] 도 아틀란티스섬을 자신의 몫으로 받아, 사멸하는 자인 인간 여 성에게서 자기의 아이들을 낳아 이 섬의 다음과 같은 곳에 살게 했던 것일세. 바닷가에서 섬 중앙에 걸쳐 전체가 평야였는데 그 것은 실로 모든 평야들 중 가장 아름다운 곳이자 기름진 곳으로 일컬어졌으며, 또 평야 근처, 섬의 중앙 방향으로 50스타디온 (8.88km)[89] 떨어진 곳에는 사방 어디에서 봐도 나지막한 산이 있 었네.[90] 그리고 그곳에는 '에우에노르'라는 이름의 남자가 아내 레우킵페와 함께 처음부터 대지에서 태어난 토박이 주민들 중 하나로 살고 있었다네. 그런데 '클레이토'라는 외동딸이 이 부부 에게서 태어났다네. 바야흐로 이 처녀가 혼인할 나이에 이를 즈 음, 그녀의 아버지와 어머니가 돌아가셨지. 그러자 포세이돈은 그녀에 대한 욕망에 빠져 한 몸을 이뤄 살게 되었고, 그리하여 그녀가 사는 동산을 빙 둘러 돌아가며 잘라 파내, 바닷물과 땅으 로 된 크고 작은 고리형 띠[91]들을 서로 번갈아 가며 둘러쳤네. 그 고리형 띠들 중 둘은 육지 띠이고, 셋은 해수 띠였는데 포세이돈 은 그 고리형 띠들을, 이를테면 선반을 깎듯이 섬 중앙에서 전 방위로 같은 폭으로 잘라 냈지. 그리하여 결국 사람들에게 그곳

c

d

e

은 접근할 수 없는 곳이 되었던 것일세. 왜냐하면 당시에는 아직 배가 없었고, 배를 모는 기술도 없었거든. 그리고 그는 신이었던 만큼 실로 아주 거뜬히[92] 중앙의 섬을 다음과 같이 장식했네. 즉, 땅 밑에서 솟아오르는 두 개의 샘물을 끌어다 샘 하나에서는 뜨거운 물이, 다른 하나에서는 차가운 물이 흐르게 하여 땅에서 온갖 종류의 작물들이 풍성하게 여물도록 말일세.

그리고 그는 다섯 쌍의 쌍둥이[93] 사내아이들을 낳아 길렀다네. 그리고 아틀란티스섬을 모두 10개의 영지[94]로 나누어 가장 나이

114a 많은 쌍둥이 중 먼저 태어난 아이의 몫으로 모친의 거주지와 가장 넓고 좋은 그 주변 땅을 주어, 그를 그 외의 다른 아이들을 다스리는 왕으로 삼았고, 다른 아이들 각각에게는 수많은 인간들에 대한 지배권과 넓은 지역의 땅[95]을 주어 통치자들이 되게 하였네.

그리고 그는 아이들 모두에게 이름을 지어 주었는데, 최연장자이자 왕이 된 자에게는 '아틀라스'[96]라는 이름을 붙여 주었네. 그가 당시 최초로 왕이 된 자일세. 그래서 섬 전체와 대양도 그

b 이름을 따서 '아틀란티코스'라는 이름을 가지게 되었던 것이지.[97] 그리고 그 뒤를 이어 태어난 쌍둥이 동생에게는 — 이 아이는 헤라클레스의 기둥 쪽에 있는 섬의 끝자락이자, 그곳[98] 이름에 따라 지금 '가데이라'라고 불리는 지역의 일부[99]에 면해 있는 지역을 몫으로 받았는데 — 그리스 말로는 '에우멜로스'이지만 본토

말로는 '가데이로스'[100]라는 이름을 지어 주었네. 이런 연유로 그 지역에 그러한 이름이 붙었을 게야.[101] 그리고 그는 두 번째 태어난 쌍둥이 중 하나를 '암페레스'라고, 다른 하나를 '에우아이몬'이라고 불렀네. 그리고 세 번째 쌍둥이의 경우 먼저 태어난 아이는 '므네세우스'라고, 나중에 태어난 아이는 '아우토크톤'이라고 불렀네. 그리고 네 번째 쌍둥이 중 먼저 낳은 아이에게는 '엘라시포스'라는, 나중에 낳은 아이에게는 '메스토르'라는 이름을 붙여 주었네. 그리고 다섯 번째 쌍둥이 중 먼저 태어난 아이에게는 '아자에스'라는, 나중에 태어난 아이에게는 '디아프레페스'라는 이름을 붙여 주었던 것일세. 이들 자신과 이들의 후손들 모두는 누대에 걸쳐 그 밖의 많은 섬들을 지배하였고, 나아가 이전에 언급된 바와 같이[102] 이집트와 튀레니아[103]에 이르기까지 이 안쪽 사람들[104]도 지배하였던 것이네.

아틀라스로부터는 다른 훌륭한 종족들이 실로 많이 태어났는데, 왕은 최연장자로서 항상 자식들 가운데 가장 나이가 많은 이에게 왕위를 물려주면서 대대로 왕권을 유지하였네. 즉, 그들은 이전부터 지금에 이르기까지 어떤 왕권하에서도 결코 있어 본 적이 없고, 앞으로도 쉽사리 있을 수 없을 정도로 막대한 부를 누렸으며, 또한 도시와 그 밖의 지역에서 공급받을 필요가 있었던 모든 것들을 완벽하게 갖추고 있었던 것이네.

왜냐하면 그들이 가진 지배 권력 때문에 많은 것들이 외지로부터 공급되었던 데다가, 무엇보다도 섬 자체가 생활에 필요한 대부분의 것을 갖추고 있었기 때문이네. 그러한 것들로서 우선, 딱딱한 것과 녹기 쉬운 광물[105]이 채굴되었고[106] 지금은 이름만이 남아 있을 뿐이지만 당시에는 이름 이상의 것이었던 오레이칼코스[107]가 섬 여러 지방에서 두루[108] 채굴되었다네. 그것은 당시의 광물들 중에서 금을 제외하고는 가장 가치 있는 것이었지. 그리고 이 섬은 숲이 제공하는 온갖 종류의 목공용 목재들을 풍성하게 갖고 있었고, 또한 가축 및 그 밖의 야생동물들을 충분하게 먹여 살릴 수 있을 만큼의 먹잇감도 제공했지.

게다가 그 섬에는 코끼리[109]들도 아주 많이 있었네. 늪이나 호수나 강에 서식하는 동물들이나, 또 산이나 평야에 서식하는 그 밖의 다른 동물들 모두에게는 물론이고, 선천적으로 매우 커서 엄청 먹어 대는 동물들에게도 마찬가지로 충분한 먹이가 있었기 때문일세. 이것들에 덧붙여, 지금 이 땅이 키워 내는 온갖 향료들은 그것이 뿌리에서 나온 것이든, 풀에서 나온 것이든, 나무에서 나온 것이든, 꽃이나 과실에서 나온 것이든, 무엇이든지 이 섬이 모두 산출해 내고 잘 길러 냈던 것이네. 게다가 재배 과일[110]과 우리가 양식으로 쓰는 마른 곡물,[111] 그리고 우리가 통칭해서 모두 콩류[112]라고 부르는, 기타 식사를 위해 쓰는 것들[113]도 생산되었네. 그리고 음료와 식품과 기름[114]을 만들어 내는 나무 열매[115]도, 그리고 놀이와 즐거움을 위해 재배한, 저장하기 힘든 과수나무의 열매[116]도, 그리고 식후 과식으로 인해 아픈 사람에게 우리가 소화용 후식으로 내놓는 과일[117] 등도 생산되었지. 그야말로 신성한 이 섬이 당시 빛나는 태양 아래에서 이 모든 것들을 아름답고도 가장 훌륭하게, 그리고 끝없이 풍부하게 만들어 냈던 것이네. 그리하여 그들은 이러한 모든 것들을 대지로부터 받아 신전, 왕의 거처, 항구, 선박 계류장 및 그 밖의 모든 지역에 필요한 시설들을 두루 완벽하게 구축했던 것인데, 이것들은 다음과 같이 질서 정연하게 배치되어 있었네.[118]

c

그들은 우선 옛 도시 중앙부를 감싸고 있었던 해수 띠들에 다리를 놓아 궁전으로 출입할 수 있는 길을 만들었네. 그리고 그들은 곧바로 그들의 신[119]과 조상들이 처음 거처로 삼은 바로 그곳에 궁전을 세웠는데, 그것은 대대로 계승되면서 장식에 장식이 더해졌고 각 왕마다 항상 선왕 이상으로 모든 힘을 쏟으려 했던 까닭에 마침내 그 규모와 아름다움에 있어 아주 보기 놀라울 정도의 거주지로 완성되기에 이른 것일세. 즉, 그들은 바다를 기점으로 폭 3플레트론(88.8m), 깊이 100푸스(29.6m),[120] 길이 50스타디온(8.88km)의 운하를 파서 가장 바깥쪽 해수 띠와 연결시켜, 마치 항구로 들어가듯 바다에서 그 해수 띠 쪽으로 거슬러 올라갈 수 있게 했다네. 어떠한 큰 배라도 충분히 진입할 수 있도록 입구를 터놓았던 것이지. 게다가 그들은 해수 띠들을 갈라 놓고 있는 육지 띠들은, 다리들이 놓인 곳마다 삼단노 군선[121]이

d

e

해수 띠들 사이를 항해할 수 있을 정도로 절개하고 그 위를 덮었
네. 그리하여 그 밑으로 배가 통과할 수 있었던 것이지. 육지 띠
의 가장자리 높이가 바다 수면보다 꽤 높았거든. 그리고 해수 띠
들 중 바다와 연결되어 있는 가장 큰 해수 띠는 폭이 3스타디온
(532.8m)이고, 그 다음의 육지 띠도 그것과 폭이 같았네. 그러나
해수 띠들 중 두 번째 해수 띠는 폭이 2스타디온(355.2m)이었고,
그 바로 다음 육지 띠의 폭 역시 그 앞 해수 띠의 폭과 같았네.
그리고 중앙에 있는 섬을 둘러싸고 흐르는 해수 띠는 폭이 1스타
116a 디온(177.6m)이었네.

그리고 궁전이 있었던 중앙 섬은 직경이 5스타디온(888m)이었
네. 그들은 또 이 섬 둘레와 육지 띠들, 그리고 폭이 1플레트론
(29.6m)인 다리 양옆을 돌담으로 둘러쌓고 다리들의 바다 방향
출구 양쪽[122]에는 망루와 문을 만들었네. 그런데 그들은 중앙 섬
주변부 아래쪽에서, 그리고 안쪽과 바깥쪽 육지 띠들 각각의 아
래쪽에서 돌을 캐냈는데, 어떤 것은 희고 어떤 것은 검고, 어떤
b 것은 붉었네. 그리고 그들은 채석하면서 동시에 그 잘라 낸 안쪽
에다 원래 그대로의 바위로 뒤덮인 움푹 파인 두 개의 동굴 선착
장[123]을 만들었네.

그리고 그들은 건축물들 중 어떤 것에는 단색을 사용하였고
어떤 것에는 치장을 목적으로 자연스러운 멋을 더하기 위해 여
러 가지 색깔의 돌을 섞어 끼워 넣기도 하였다네. 그리고 그들은

44

가장 바깥쪽 육지 띠를 둘러싼 외벽은 마치 물감으로 칠해 놓은 것처럼 온통 둘러 가며 구리판으로 덮어씌웠고 안쪽[124]의 외벽은 주석판으로, 그리고 아크로폴리스를 바로 둘러싸고 있는 외벽은 불처럼 빛나는 오레이칼코스로 덮어씌웠다네.   c

그리고 아크로폴리스 안에 있는 궁전은 실로 이와 같이 배치되어 있었네. 아크로폴리스 한가운데에는 클레이토와 포세이돈 신에게 바쳐진, 접근이 금지된 성소가 자리 잡고 있었으며 그것은 금으로 된 울타리로 둘러쳐져 있었는데, 그들은 이곳에서 처음 나라를 세웠고 왕가를 이룬 10명의 왕의 종족을 낳았던 것일세. 그리고 그곳에서 그들은 매년 10개의 영지[125]들로부터 계절마다 수확한 농작물들을 그 영지들 각각의 신들[126]에게 공물로 바쳤네. 그런데 포세이돈 그 자신의 신전은 길이가 1스타디온(177.6m), 폭이 3플레트론(88.8m)이었으며 높이는 보기에 그것들과 균형을 이루도록 이루어져 있었고 뭔가 이국풍의 모습을 띠고 있었네. 그리고 그들은 신전의 바깥쪽 전체를 은으로 장식했으나 파풍[127]만은 예외로 해서 금으로 장식을 했네. 그리고 안쪽의 경우 상아로 된 천장 전체는 금이나 은이나 오레이칼코스로 꾸며 다채롭게 보이도록 했고, 그 밖에 벽과 기둥, 그리고 바닥은 모두 오레이칼코스로 덮었네. 그리고 그들은 그 안에 황금으로 된 신상들을 안치했네. 그것들 중 하나가 전차 위에서 날개 달린 여섯 마리의 말을 모는 포세이돈 신상인데 그것은 아주 커   e

서 천장 꼭대기에 닿을 정도였네. 그리고 그 둘레에는 돌고래에 올라탄 네레이스[128] 상들이 100개가 있었다네. 왜냐하면 그 당시 사람들은 네레이스의 수가 그만큼이라고 여겼거든.

그리고 그 안에는 개인들이 봉납한 그 밖의 신상들을 안치하였네. 그리고 그들은 신전 바깥 주변에는 10명의 왕들로부터 태어난 왕자들과 그들[129]의 부인들 모두의 황금 상을 세워 두었고, 이 나라[130]뿐 아니라 그들이 지배했던 해외 여러 나라의 왕들과 개인들이 바친 수많은 봉납물들도 안치해 두었네. 또한 크기와 117a 만듦새가 그와 같은 건축물에 딱 어울리는 제단이 있었으며, 마찬가지로 왕국의 크기뿐만 아니라 신전의 화려함에도 걸맞은 궁전이 있었네.

그리고 그들은 냉천과 온천도 이용하였는데 그 샘들[131]은 풍부한 수량을 갖고 있었고 그 본래의 물맛과 수질 때문에 그 샘들 각각은 놀랄 정도로 사람들이 이용하기에 적합했네.[132] 그들은 샘 주변에 건물을 짓고 샘물에 적합한 나무들을 심었으며, 또 저 b 수 시설을 마련하였는데 일부는 노천 저수 시설이고 일부는 겨울철 온천욕을 위해 지붕을 덮은 시설이었네. 이것들은 왕들 전용, 일반인용, 게다가 부인용 및 그 밖에 말이나 기타 짐을 끄는 동물[133]용으로 구분되어 그 각각의 용도에 적합한 시설을 갖추었네. 그리고 그들은 거기서 흘러나온 물을, 땅이 비옥하여 놀랄 만치 아름답고 커다란 온갖 종류의 나무들을 갖춘 포세이돈의

숲으로 끌어댔고 또한 다리 위에 있는 배수로를 통해 바깥쪽 육
지 띠로도 보냈던 것일세.   c

그리고 그들은 그곳에다 많은 신들을 모시는 여러 신전들과
정원, 그리고 체육관들을 많이 만들었는데 그 체육관들은 사람
들이 쓰는 것과 말 조련용으로 쓰이는 것으로 구별되어 그 육지
띠들 각각에 설치되었던 것이지. 그리고 그 밖에 큰 육지 띠 한
가운데를 따라 전차 경주장이 있었는데, 이것은 폭이 1스타디온
이고 길이는 육지 띠 한 바퀴를 다 도는 길이로서 기마 경기용으
로 쓰였다네. 그리고 그 주위에는 양옆으로 대다수 근위병[134]들   d
이 묵는 근위병 숙소가 있었네. 그리고 비교적 믿을 만한 대원
들은 아크로폴리스에 좀 더 가깝게 있는 작은 육지 띠의 경비 초
소에 배치했고 가장 믿을 만한 근위병들에게는 아크로폴리스 내
부, 바로 왕들 주변에서 거주하는 것이 허용되었네. 그리고 선박
계류장에는 삼단노 군선들이 가득 차 있었고 삼단노 군선에 필
요한 선구들 일체가 완벽히 갖추어져 있었네.

실로 왕들의 처소 주변은 그와 같이 구축되어 있었던 것이네.
그런데 바깥쪽으로 3개의 항구들[135]을 가로질러 가면 해안을 기   e
점으로 둥글게 쳐져 있는 성벽에 이르게 된다네. 이것은 제일 큰
고리 띠와 항구[136]에서 바깥쪽으로 다 똑같이 50스타디온 떨어져
있고, 바다 쪽 운하 입구에서 하나로 연결되었네.[137] 실로 이 외
곽 벽 안쪽 전체는 집들이 빼곡히 자리 잡고 있었고, 또한 내륙

으로 들어가는 운하와 그 주변 항구들 중 가장 큰 항구[138]는 도처에서 온 배들과 상인들로 가득 차 있었으며, 그 엄청난 수의 사람들이 떠들어 대는 소리와 온갖 종류의 소음으로 밤낮 시끌벅적했다네.

자, 도시 중심부와 초창기 거주지의 모습이 옛날에 들었던[139] 그대로 이제 다 되살려졌네. 그러면 이제 그 밖의 지역이 어떤 118a 자연조건과 어떤 정비된 모습을 가졌는지 기억의 실마리를 찾아 되살려 내도록 힘써야겠네. 전해지기로, 우선 그곳 전체는 바다에 면한 곳에서부터 깎아지르듯 아주 높이 솟아 있었으나[140] 도시 주변부 전체는 평야가 에워싸고 있었고, 그리고 그 평야 자체는 바다까지 기슭이 닿아 있는 산들로 둘러싸여 있었으며 전체적으로 고른 높이의 평탄한 직사각형 모양이었는데, 그 한쪽 길이가 3000스타디온(약 532.8km)이었고, 바다로부터 중앙을 따라 내륙 쪽으로 통과하는 다른 한쪽 길이는 2000스타디온(약 b 355.2km)이었네. 그리고 이 섬 전 지역이 북쪽으로부터 오는 바람을 등지고 남쪽을 향해 있었네. 그리고 그 평야를 에워싼 산들은 그 수와 크기와 아름다움이 지금 있는 산들보다도 훨씬 뛰어났으므로 당시 사람들의 칭송거리가 되었지. 즉, 거기에는 주민들[141]이 사는 풍요로운 마을들이 많이 있었고, 또한 모든 가축과 야생동물에게 풍부한 먹이를 제공하는 강과 호수, 그리고 초원도 있었으며, 그리고 모든 일과 그 각각의 쓰임새에 충분할 정도로 크기와 종류에 있어 다양한 목재도 있었거든.

그리하여 원래 자연 그대로의 평원은 대대로 많은 왕들의 노 c
력이 더해져 다음과 같은 상태로 되어 있었던 것이지. 이 평야
는 애당초 대부분이 곧고 기다란 직사각형 모양이었네. 그렇지
만 그렇지 않은 부분도 있어서 빙 돌아가며 해자를 파 똑바르게
만들었지. 그런데 이 해자의 깊이와 폭과 길이가 얼마나 대단한
지, 그들이 이룬 그 밖의 힘든 성취에 덧붙여, 손으로 해낸 일로
서 이런 정도의 것마저 있다는 것을 자네들이 들으면 도저히 믿
기지 않을 거야. 그러나 우리는 들은 대로 이야기하지 않으면 안
될 것이네. 즉, 이 해자는 하나같이 1플레트론(29.6m)의 깊이와
1스타디온(177.6m)의 폭으로 파였는데, 그것은 평야 주변 전체 d
에 걸쳐 파였던 까닭에 그 길이가 1만 스타디온(1776km)에 이
르렀네. 또한 그들은 산에서 흘러내린 물줄기들을 받아 평야 주
변을 감싸 돌아 양쪽에서 도시로 흘러 들어가게 하였다가 거기
서 바다 쪽으로 흘러 나가도록 하였네. 그리고 그 위쪽[142] 해자로
부터 대략 100푸스(29.6m)의 폭을 가진 수로[143]들이 평야의 종단
방향으로 똑바로 파여, 바다 쪽 해자에 다시 연결되었는데 이 수
로들끼리는 각각 100스타디온(17.76km)의 간격을 두고 떨어져
있었네. 게다가 그들은 종단 수로들을 서로 잇고 도시와도 통하
는 횡단 수로들도 파내서, 실로 그것들을 통해 산에서 나는 목재
를 도시로 내려보냈던 것이고 그 밖에 계절별 산물들을 배를 이 e

용하여 운반했던 것이네. 그리고 그들은 겨울철에는 제우스로부터 받은 빗물을 이용하고, 여름철에는 땅이 운하로부터 끌어들여 갖고 있는 물줄기[144]를 이용하여, 한 해에 두 번씩이나 수확을 거두었다네.

그리고 병력의 수와 관련해서는,[145] 각 구역은 평야 지역에 사

119a 는 자로서 전쟁에 나가 도움이 될 만한 남자들 중에서 지도자 한 사람을 세우도록 규정되어 있었는데, 각 구역[146]의 크기는 대략 100평방스타디온(약 3.15km²)으로 그것들은 모두 6만 개에 달했네. 그리고 산악 지대 및 그 밖의 지역에 사는 사람들의 수는 셀 수 없을 정도였다고 전해지고 있는데, 그들 모두 거주 지역 및 촌락 단위로 이 구역들에 할당되어 지도자들의 통제를 받도록 되어 있었네.

그리고 전시에 지도자가 마련해야 할 바로서 다음과 같은 것이 규정되어 있었네. 즉, 전 구역에서 부품들을 다 모으면 전차 1만 대를 만들 수 있도록, 전차 한 대에 필요한 여섯 가지의 부

b 품들 중 하나,[147] 말 두 필 및 그것을 탈 기병들, 그에 더해 전차용 말로서 마차 부분을 제외한 그냥 말 두 필, 그리고 그 전차에 탈 작은 방패를 가진 하차병[148] 한 명 및 두 말을 몰 말몰이병 한 조,[149] 그리고 두 명의 중무장 보병 및 궁수와 투석병 각 두 명, 경무장 투석병[150]과 투창병 각 세 명, 그리고 1200척의 군선을 채울 수 있도록 수병 네 명씩을 차출해 보내도록 정해져 있었던 것

이네. 이 왕국의 군비는 이와 같이 갖추어져 있었으나 다른 아홉 나라들의 경우 각각 방식이 달라 그에 대해서까지 언급하려면 많은 시간이 있어야 할 것이야.

c

통치직 및 명예로운 직책들과 관련해서는 처음부터 다음과 같이 정해져 있었네. 10명의 왕은 각각 자신의 영지와 도시 전역에 걸쳐, 사람들은 물론, 대부분의 법을 지배하였네. 자기 뜻대로 처벌하고 처형하면서 말일세. 그러나 왕들 상호 간의 지배 및 교제는 포세이돈의 계율에 따르고 있었는데, 그것은 그들에게 법이 부여한 바로서 초대 왕들에 의해 오레이칼코스 비석에 새겨졌고, 그 비석은 섬 중앙 포세이돈 신전에 안치되어 있었네. 실로 그들은 5년째 되는 해에, 그리고 그 다음은 6년째 되는 해에 번갈아 가면서 회합을 가졌고 — 짝수 해 차례이건 홀수 해 차례이건 똑같이 중시하면서 — 공적인 문제들에 관해 상의하였으며 무언가 죄를 범한 자가 있으면 조사하여 판결도 내렸네.

d

그리고 판결을 내리고자 할 때, 그들은 먼저 서로에게 아래와 같이 맹세했네. 포세이돈 신전에는 황소들이 풀어져 있었는데, 10명의 왕들만 남아 있게 되면 그들은 신에게 당신께서 마음에 들어 하실 제물을 바치게 해 달라는 기원을 올리고, 쇠붙이가 없는 목봉과 밧줄을 사용하여 황소들을 뒤쫓아 가 그것들 중 하나를 잡았으며, 그것을 비석으로 데려가 목을 잘라서는 그 비석 꼭대기에 얹어 피가 비문 위로 흘러내리게 했네.[151] 비석에는 그 법

e

120a

에 덧붙여 법에 복종하지 않는 자에게 엄청난 저주를 비는 서원 (誓願)이 새겨져 있었다네. 그들은 또 그들의 법에 따라 제물을 바칠 때 황소의 사지 모두를 바쳤으며, 크라테르[152]에 술을 섞으면서 자기들 각자를 위해 핏방울도 같이 집어넣었네.[153] 그리고 비석을 두루 정결케 한 후 나머지 피도 불에다 부었다네.

그런 다음 그들은 그 크라테르의 술을 황금 잔에다 따랐다가 그것을 불에다 부으면서 이런 맹세를 하였던 것일세. 즉, 이전에 뭔가 법을 어긴 사람이 있으면 비문에 새겨진 법에 따라 심판하여 처벌할 것이며, 또한 이후 어떠한 법도 고의로 어기지 않을 것이며, 아버지의 법에 부합하지 않는 방식으로는 통치하지도 않을 것이고, 또 그러한 통치자에게 복종하지도 않겠노라고 말일세. 각 왕은 자기 자신과 자기의 자손들을 위해 위와 같은 기원을 드리고 술[154]을 마신 다음 그 잔을 신전에 바쳤고, 식사 및 기타 필요한 일로[155] 시간을 보낸 후 어둠이 다가오고 제물을 태우던 불마저 꺼지게 되면 그들 모두는 가장 화려한 암청색 예복을 걸쳐 입고 맹세의 증표로 바쳐져 다 타 버린 제물 옆 바닥에 앉아 신전 주변의 불을 완전히 소등한 채 밤을 지새웠으며, 그들 중 누군가가 누군가에 대해 모종의 문책을 하고자 할 경우, 어떤 자는 심판을 내렸고 동시에 어떤 자는 심판을 받았던 것일세. 그리고 판결을 내리고 나서 날이 밝아 오면 판결 내용을 황금 판에 적어 예복과 함께 기념물로서 봉납했던 것이네.

그리고 왕들 개개인에 관한 그 밖의 여러 가지 법률들이 있었는데 가장 중요한 것은 이것이었네. 즉, 어떤 경우에도 서로에게 무기를 들어서는 안 된다는 것, 그리고 어떤 나라에서 누군가가 자신들의 왕가를 파괴하려 한다면 선왕들이 했던 것처럼 전술 및 그 밖의 실행 사항을 함께 상의하여 아틀라스 종가에다 지휘권을 부여하고 모두가 도와야 한다는 것, 그리고 왕들 중 과반수의 동의를 얻지 못하는 한, 누구도 동족의 왕을 처형할 권한이 없다는 것 등이 그것이네.[156]

4. 본성의 타락과 징벌

그런데 신[157]은 실로 그 왕국들에[158] 있었던, 앞에서 말한 그러한 만큼의 그리고 그러한 정도의 엄청난 능력[159]을 이번에는 다시 여기 이 나라 아테네에다 장착시켜 주었던 게야. 전하는 바에 따르면 그 연유는 이러하네. 여러 대에 걸쳐 신의 본성이 그들을 지배할 때까지만 해도 그들은 법에 귀를 기울였고 또 동족신들에 대해 정중했던 사람들이었네. 즉, 그들은 언제라도 일어날 수 있는 우발적인 인생사들에 대해서, 그리고 서로 간의 인간관계에 대해서 지혜와 더불어 온화함으로 대했던 사람들로서, 진실하고도 아주 고매한 정신을 소유하고 있었네. 그런 까닭에 그들은 덕 이외에 모든 것을 경멸하였고 갖고 있는 재산 같은 것도 하찮게 여겼을 뿐 아니라 막대한 황금이나 그 밖의 재물 같은 그

런 무거운 짐도 거뜬히 감당해 냈지. 그래서 그들은 부의 사치
스러움에 취해 자제심을 잃어 그들 자신을 망쳐 버리는 일이 없
었으며, 오히려 깨어 있는 정신으로 이러한 모든 것들이 우애로
운 교분을 통해 덕과 함께 불어나는 것임을 예리하게 통찰하고
있었다네. 반대로 부와 사치스러움을 얻고자 안달하고 그것들을
떠받들면 오히려 덕은 줄어들고 급기야는 그 덕 자체도 그들에
게서 사라져 버린다는 것을 말일세.

실로 그들은 이러한 생각과 신적인 본성을 유지하고 있었으므
b 로 우리가 앞에서 말했던 모든 것들[160]이 그들에게서 불어났던
것이네. 그러나 그 신적인 부분[161]은, 여러 사멸하는 것들과 수차
에 걸쳐 뒤섞여짐으로써 그들에게서 점차 줄어들게 되었고, 오
히려 인간적 성정이 우위를 차지하기에 이르자 그들은 급기야
갖고 있는 재물을 감당해 내지 못하고 평정을 잃어, 사람을 볼
줄 아는 사람들에게는 파렴치한 자로 간주되었네. 가장 귀한 것
들 중에서도 가장 훌륭한 것을 잃어버린 것이지. 그러나 참되고
행복한 삶을 볼 줄 모르는 사람들에게는 당시의 왕들이 가장 아
름답고 복된 사람들이라고 여겨졌던 것이네. 사악한 탐욕과 권
력으로 가득 찼던 사람들인데도 말일세.

그래서 신들의 신이자 법으로 다스리는 제우스는 이와 같은
것을 내려다볼 줄 아는 능력이 있었으므로 이 뛰어난 종족이 비
c 참한 상태에 빠져 있음을 알고 그들이 자제력을 배워[162] 한층 더

바른 사람들로 태어날 수 있도록 그들에게 벌을 내리기로 마음
먹고, 실로 전체 우주의 중심에 자리하여 생성과 관련하여 일어
나는 모든 일들을 굽어볼 수 있는 신들의 가장 존귀한 거처로 모
든 신들을 불러들여, 그들이 다 모이자 이르기를…'.[163]

주석

1 이야기의 여정 : ek tēs tou logou diaporeias. '이야기의 여로', '긴 여
   행'이라는 이 말은 『티마이오스』에서 우주의 생성에 관해 티마이오스
   가 들려준 긴 이야기를 말한다. 이로 미루어 『크리티아스』는 내용적으
   로 『티마이오스』의 후속편임을 알 수 있다. 『티마이오스』의 서두를 보
   면 『크리티아스』와 『티마이오스』가 서로 매우 밀접한 관계를 맺고 있으
   며 두 대화편 모두 훌륭한 나라의 탄생과 구현에 관련된 플라톤 나름
   의 연작 계획에 따라 쓰였다는 것을 확인할 수 있다. 세부적인 내용은
   〈작품 안내〉를 참고.

2 신 : 『티마이오스』에서 우주의 탄생에 관한 티마이오스의 이야기를 통
   해 드러난 신들, 즉 천체들로 구성된 우주를 말한다. 『티마이오스』
   27c, 34b, 92c.

3 그 내용의 온전함을 길이 보전케 해 주시고 : 직역하면 '그가(신이) 우리에
   게 그것들(우리가 말한 내용들)의 무사안전(sōtēria)을 허가해 주시기를.'

4 올바른 벌이란 틀린 소리를 한 사람으로 하여금 제대로 된 소리를 하도록
   만들어 주는 것이겠지요. : dikē de orthē ton plēmmelounta emmelē
   poiein. 이 문장에서 쓰인 그리스어 'plēmmeleō(틀린 소리를 내다, to

make a false note in music)'와 'emmelōs(맞는 소리를 내다, sounding in unison, in tune or time, harmonious)'는 모두 기본적으로 음악과 관련된 용어들이다. 조화로운 우주를 말로 그려 내는 것과 조화로운 음악을 악기로 연주해 내는 것을 같은 것으로 보고 있다는 데 주목.

5 지식 : epistēmē. 우리 속담에 '모르는 것이 약이다'라는 말이 있다. 그러나 플라톤에게 있어 무지(amathia)는 모든 해악의 근본 원인이며 그 자체로 병이다. 『알키비아데스 I(Alkibiadēs)』 118a, 『알키비아데스 II(Alkibiadēs deuteros)』 143a-e, 『고르기아스(Gorgias)』 477b, 『국가』 444a, 585b, 609c 참고.

6 합의한 대로 : 『티마이오스』 서두 부분(27a)을 보면 훌륭한 나라에 관해 소크라테스가 이야기를 들려준 것에 대한 보답으로 티마이오스와 크리티아스, 헤르모크라테스 등도 각자 주제를 나누어 소크라테스에게 이야기를 들려주기로 합의하고 있다. 세부적인 내용은 〈작품 안내〉 참고.

7 자네가 … 부탁한 것처럼 : 『티마이오스』 29c. 티마이오스는 『티마이오스』에서 신들의 탄생에 관한 이야기는 '그럴듯한 이야기(eikōs mythos)'일 수밖에 없으므로 자신이 그들에 대해 정확하게 설명하지 못하더라도 놀라지 말아 달라고 이야기를 시작하기 전에 당부한다. 그러나 『티마이오스』에 실제로 기록돼 있는 내용과 크리티아스가 지금 말하고 있는 내용은 다소 거리가 있다. 티마이오스는 어디에서도 자신의 이야기가 '중대한 것에 관한 것(peri megalōn)'이라고 말하지 않았으며 '양해(syngnomē)'라는 말을 직접 쓴 적도 없기 때문이다. 그렇다면 크리티아스가 이 부분을 바꿔 말한 이유는 무엇일까? 아마도 티마이오스와 자신을 비교하며 자신이 맡을 주제가 더 중대하고 어렵다는 것을 드러내려는 의도였을 것이다.

8 [자네보다 나에게] 더 많은 양해가 필요하다는 것을 어떻게든 보여 주도록 노력해야겠네. : 실제로 크리티아스는 『티마이오스』에서 이미 자기 이야기가 '가장 중대한 것에 관한(peri megistēs) 것'임을 강조했을 뿐 아니

라(『티마이오스』20e, 21d), 『크리티아스』에서도 스스로 심히 무례하다고 말하고 있을 정도로 티마이오스 이야기와 차별성을 드러내려고 애를 쓴다. 짧은 서두 부분에서 '양해'라는 표현도 여러 번 나온다(『크리티아스』106c, 107a, e, 108a).

9 **사멸하는 것들** : ta thnēta. '사멸하지 않는 신'과 달리 일반 동식물이나 인간들 같이 신체(sōma)를 가지고 있어 결국 '사멸할 수밖에 없는 유한자'를 의미하는 말. 플라톤의 대화편에서 흔히 사용되고 있고, 이 대화편 108a, 109c, 113c 등에서도 반복해서 나온다.

10 **사실상 우리가 신들에 관해 얼마나 알고 있는지는 우리 스스로가 잘 알지 않나.** : 우리가 신들에 대해 그다지 많은 지식을 가지고 있지 않다는 의미. 소크라테스는 이미 신들과 우주에 관해 모든 면에서 일관되고 정확한 설명을 하기는 힘들다는 티마이오스의 말에 동의를 표한 바 있다(『티마이오스』29c-d).

11 **모방이자 모사** : mimēsis kai apeikasia. 그림, 조각, 무용, 시, 극 등은 모두 흉내가 그 기본으로서 참된 인식과는 거리가 있다(『국가』373b, 377e, 596e, 597d-598c, 600e-601a, 『소피스테스(Sophistēs)』234b, 235d-236c 참고). 여기서 '우리 모두'란 대화자 또는 사람들 모두라기보다는 앞서 이야기한 티마이오스와 지금 이야기하는 크리티아스 자신을 가리킬 것이다. 이 부분에서 굳이 모방과 모사에 관한 이야기가 나온 이유는 무엇일까? 티마이오스는 이미 『티마이오스』(29b-c)에서 신들에 관한 자신의 이야기가 기본적으로 모상(eikōn) 차원의 것이므로 정확한 설명이 아니라 '그럼직한 설명(eikotes logoi)'만 제시하더라도 만족해 달라고 양해를 구한 바 있다. 따라서 크리티아스는 모방 내지 모사라는 똑같은 이유로 양해를 구할 수는 없었을 것이다. 그래서 두 사람의 이야기가 모두 모방 내지 모사일 수밖에 없음을 인정한 후, 그럼에도 그 둘 사이에는 또 다른 차이가 있다는 것을 부각시켜 자신의 이야기가 티마이오스의 이야기보다 더 어려운 것임을 나타낸 것이다.

12 **방금까지 별 준비 없이 즉석에서 한 [이야기이긴 하지만 내] 이야기들을 고**

려해 : ek dē tou parachrēma nyn legomena.

13 시인 : poiētēs. 티마이오스를 가리킨다.

14 양해가 필요할 것이라는 걸 말입니다. : 앞에서 수차 양해를 구했음에도 아주 특별한 양해가 필요할 것이라고 덧붙인 이유는 무엇일까? 이미 높은 평가를 받은 티마이오스를 환기시켜 경쟁심을 부추김으로써 훨씬 더 높은 수준의 이야기를 해야 할 것이라고 압박하려는 이유에서일 것이다. 혹자는 이 부분을 다소 확대해석하여 '자신의 이야기가 티마이오스의 이야기보다 더 어렵고 중대한 것이라는 크리티아스의 생각'에 대한 소크라테스의 반박이자 반복해서 변명하는 것에 대한 냉소 섞인 핀잔이라고 해석하기도 한다[W. Welliver(1977) p.10].

15 승전탑 : tropaion. 승리를 기념하기 위해 승리한 장소에 세운 탑. 처음에는 승리의 증표로서 적의 무기를 승리의 여신에게 바쳤으나, 후에 탑과 건물을 세워 그곳에 승리한 자와 포로들의 모습을 새겨 넣었다. 오늘날 트로피의 기원이 된 말이다.

16 파이온과 무사 여신들 : Paiōn. '치유하는 자'라는 의미로 의신을 뜻하기도 하지만 여기서는 승리의 신 아폴론을 가리킨다. 무사[혹은 무사이(Mousai)]는 시가와 문예를 다스리는 이른바 '뮤즈'의 여신.

17 이것이 … 알게 될 걸세. : 직역하면 '이런 일이 어떤 일인지 이 일 자체가 금방 자네에게 밝혀 줄 걸세.'

18 므네모쉬네 : Mnēmosynē. '기억'의 신.

19 솔론 : Solōn. 기원전 7~6세기 아테네의 정치가이자 시인이며, 그리스 7현인의 한 사람. 『티마이오스』를 보면 아틀란티스에 관한 이야기는 솔론이 이집트 체제 시 이집트 사제로부터 전해 들은 후 아테네로 돌아와 친족이자 친구인 드로피데스에게 들려준 것으로 되어 있다. 솔론은 이 이야기를 서사시로 만들려고 했지만 정사에 바빠 끝내 완성할 수 없었다고 전해진다. 사료에 의하면 솔론은 아테네를 개혁하려다 반발을 사 기원전 593년경 이집트로 망명하였다가, 그로부터 10년 후 기원전 583년에 아테네로 돌아왔다. 이로 미루어 이집트 사제와 솔론이 만난 것이

사실이라면 그 시기는 기원전 약 590~585년경으로 추정된다.

20 헤라클레스의 기둥 : 지금의 지브롤터 해협. '헤라클레스의 기둥'으로 불리게 된 것은 헤라클레스가 이곳에 온 것을 기념하여 스스로 유럽과 아프리카 양쪽 산꼭대기에 기둥을 세웠다는 데서 유래한다.

21 바깥쪽에 살고 있는 사람들과 안쪽에 살고 있는 사람들 : 바깥쪽에 살고 있는 사람들은 아틀란티스인들이고 안쪽에 살고 있는 사람들은 그리스인들과 이집트에 이르기까지의 리비아와 튀레니아 사람들. 『티마이오스』 24e~25b 참고.

22 9000년 : enakischilia etē. 이곳에 나타난 '9000년'에 대해서는 많은 의문이 제기되었다. 우선 첫째 의문은 '9000'이라는 숫자와 관련하여 『크리티아스』와 『티마이오스』에 나타난 연대상의 모순점에서 비롯되었다. 『크리티아스』에서의 대화가 기원전 약 425년경 이루어졌다고 추정할 때, 이 대화편에 기술된 내용에 따르면 아틀란티스 제국이 쳐들어온 시기는 기원전 약 9425년경임을 알 수 있다. 그러나 『티마이오스』를 보면 솔론과 이집트 사제가 만난 시점을 기준으로 하여, 아테네보다 1000년이 늦은 8000년 전 이집트가 건국되었다고 언급하고 있고(23e) 아틀란티스 제국의 지배 및 침략 대상에 이집트까지도 포함되어 있음을 보여 주고 있는데(25b), 이는 앞에서 언급한 『크리티아스』의 내용과 모순을 일으킨다. 왜냐하면 솔론과 이집트 사제가 만난 시기를 기원전 590년경으로 추정하여 『티마이오스』에서 언급된 이집트의 건국 연대를 계산하면 기원전 약 8590년경이 되는데, 이에 따르면 아틀란티스 제국이 건국조차 되지 않은 이집트를 지배하려 했다는 결론이 나오기 때문이다. 즉 『크리티아스』에서 전쟁 발발 시점이라고 이야기하는 기원전 9425년과 『티마이오스』에서 이집트 건국시기라고 이야기하는 기원전 8590년은 800년 이상 차이가 난다. 두 대화편에 나타난 이러한 모순 때문에 전작과 후속작임을 알려 주는 형식에도 불구하고 두 대화편이 시기적으로 바로 이어서 저술된 것은 아니라고 보는 사람들도 있다(〈작품 안내〉 참고). 기원전 14세기경에 폭발한 지중해의 테라섬이 아

틀란티스라고 보는 사람들도 '9000'이라는 숫자에 대해서 의문을 제기한 바 있다(〈부록〉'아틀란티스에 관하여' 참고). 그들은 테라섬의 폭발 시기에 맞추기 위해 '900'을 '9000'으로 오기한 것이라고 해석하고 있으나 근본적으로 그 주장에는 '9000'이라는 숫자가 너무 크다는 의구심이 깔려 있다. 그래서 혹자는 이 기간이 실제의 기간이 아니라 이집트보다 아테네의 역사가 더 오래 됐음을 강조하려는 의도에서 사용된 숫자라고 주장한다. 그러나 플라톤은 『법률』에서 비록 '아테네인'의 입을 통한 것이기는 하지만 이집트의 입법 시기를 1만 년 전이라고까지 언급하고 있다. 이는 『티마이오스』에서의 언급과 약 2000년 정도 차이가 나지만 플라톤이 사용한 숫자가 실수 또는 과장에 기초한 것만은 아니라는 추측을 불러일으킨다.

23 아틀란티스 : Atlantis. '아틀란티스'는 '아틀라스'의 여성형으로 '아틀라스의 딸'이라는 뜻도 가지고 있다. 아틀라스는 거인족의 하나로 이아페토스와 클리메네의 아들이자 프로메테우스와 에피메테우스의 형제이다. 아틀라스는 제우스와 싸워 패한 후, 천상계를 어지럽혔다는 죄로 벌을 받아 '어깨로 하늘을 떠받치고 있는 자'라고 불리게 되었다. '아틀라스'와 '아틀란티스'라는 말이 모두 '참다', '짊어지다'라는 뜻을 가진 'tlaō'에서 유래하고 있는 것도 그러한 신화와 관련되어 있다. 오늘날의 아틀라스 산맥 또한 아틀라스가 바위로 굳어진 것이라고 전해진다. 아틀라스 신화는 하늘이 왜 떨어지지 않느냐는 의문을 풀기 위해 생겨난 것으로, 여기서 높은 산이 하늘을 떠받치고 있기 때문이라는 고대인의 생각을 엿볼 수 있다. 또 영웅 헤라클레스가 헤스페리데스의 황금 사과를 구하러 갔을 때 아틀라스가 그에게 사과를 따다 주었는데, 그동안에는 헤라클레스가 대신 하늘을 떠받치고 있었다는 이야기도 있다. 아들로는 헤스페로스와 히아스가 있고, 헤스페리데스는 그의 딸들이라고 한다. 근세에 와서 만들어진 지도책에 지구를 떠받치고 있는 그의 그림이 들어 있었기 때문에 '아틀라스'는 '지도서(地圖書)'라는 뜻으로도 쓰이게 되었다. '아틀라스의 바다'라는 뜻을 가진 '대서

양(Atlantic Ocean)'이라는 명칭 또한 아틀란티스섬이 헤라클레스의 기둥 바깥쪽 바다에 가라앉았다는 이야기에서 비롯된 것이다.

24 아틀란티스섬이 당시 리비아와 아시아보다도 큰 섬이었다고 말한 바 있네. : '리비아와 아시아보다도'는 '리비아와 아시아를 합한 것보다도'라는 의미일 것이다. 플라톤 시대에는 서아프리카 전체를 리비아라고 불렀다. 당시의 지리관에 의하면 아프리카와 아시아는 각각 오늘날 실제의 아프리카 북쪽 일부와 리디아, 아라비아 및 인도의 일부 정도를 가리켰다. 유럽 또한 지금의 영국과 스칸디나비아 등 유럽 북부는 전혀 알려지지 않았다. 하물며 『티마이오스』 25d를 보면 대륙(ēpeiros)이라는 말조차 아틀란티스섬 서쪽 맞은편 땅에만 붙어 있고 리비아와 아시아보다도 크다고 언급된 아틀란티스에 대해서는 단지 섬(nēsos)이라고만 일관되게 쓰고 있다. 요컨대 당시 지리관에 따르면 지중해에서 헤라클레스의 지붕(지브롤터 해협)을 지나 큰 바다, 즉 '대양(pelagos)'이 있고 그 대양 가운데 아틀란티스섬이 있었으며 그 너머 건너편에 유럽과 아시아, 아프리카 전체를 '진짜 바다(pelagos ontōs)'를 경계로 둘러싸고 있는 이른바 '진짜 대륙(ēpeiros alēthōs)'이 있었다. 일부 학자(A. Collins)는 '리비아와 아시아보다도 큰 섬'이라는 말은 아틀란티스섬의 실제 크기를 가리키는 것이 아니라 그 지배력이 미친 범위를 의미한다고 주장한다(〈그림 1〉 참고).

25 대양 쪽으로 : epi to peran pelagos(Bury), epi to pan pelagos(Zurich, Burnet). 후자를 따랐음.

26 항해하려는 … 장애물이 되어 버렸지. : '장애물이 되어 버렸지'를 직역하면 '장애물을 제공하는 것이 되었지.' 아틀란티스섬이 바다 속에 가라앉아 해수면 얕게 뻘을 이루어 대서양을 항해하는 배에 장애물이 되었다는 이 기록은 아틀란티스섬의 실재를 믿는 사람들이 현재의 대서양상의 얕은 여울 지역인 사르갓소해와 바하마 군도가 9000년 전 가라앉은 아틀란티스섬의 일부라고 믿게 된 근거가 되었다.

27 이방 민족들과 당시 존재했던 그리스 종족 : ethnē barbara(이방 민족),

Hellēnōn genē(그리스 종족).

28 정치체제 : politeia. 혹은 통치 형태, 정치제도.

29 영역 : topos. topos는 이후 여러 곳에서 사용되며 문맥에 따라 '곳', '영역'(109c), '지방'(111c), '땅'(114a), '거주 지역'(119a) 등 다양하게 번역했다(〈찾아보기〉 참고).

30 추첨을 통해 … 분배했다네. : 'dielanchanon, dialankanō'라는 동사 자체가 '추첨에 의해 분배한다'라는 뜻이며, 바로 이어서 추첨(klēlos)이라는 말도 직접적으로 나온다. 여기서 추첨은 무작위 추첨이 아니라 일종의 우선순위를 두고 이루어지는 추첨이다. 추첨에 의해 정해진 것을 자신에게 합당한 것이라고 여겼다는 것은 추첨이 가져다주는 결과의 운명적 정당성을 인정한 것이라고 볼 수 있다. 운명에 대한 고대 그리스인들의 생각이 엿보이는 대목이다.

31 싸움을 통해 나누었던 것은 아니란 말일세. : 이와 달리 『메넥세노스』 237c-d에는, 위와 달리 앗티케의 소유를 둘러싸고, 신들(포세이돈과 아테나) 사이에 분쟁이 있었다고 기술되어 있다. 포세이돈은 삼지창으로 대지를 뚫어 샘을 끌어 왔으나 아테나는 새에게 올리브 나무를 물어 오게 하여 결국 아테네의 수호신으로 인정받는다.

32 정당한 추첨에 의해 : dikēs klērois. '디케 여신의 추첨에 의해'로 옮길 수 있다. 헤시오도스의 『신통기(theogonia)』 902행 참고.

33 영토 : chōra. 다른 곳에서는 '지역'으로 번역하였으나 이곳에서는 '영토'로 옮기는 것이 적합하다.

34 돌볼 대상 : thremma. 돌보고 보살펴야 하는 생명체.

35 신체에다 완력을 가해 강압하는 일은 없었네. : plen ou somasi somata biazomenoi. 신체로써 신체를 강제하지 않고.

36 사멸하는 모든 것들 : pan to thnēton. 죽음을 면치 못하는 모든 것, 인간뿐만 아니라 신체와 혼을 갖고 있는 모든 생물체를 가리킨다. 신을 표현하는 '죽지 않는 자들(athanatoi)'이라는 말과 대비되는 말이다.

37 오히려 그들은 … 이끌어 갔던 것이네. : 이 부분은 동사 하나에 여러 분

사가 걸려 있는 긴 문장의 일부로 내용이 다소 복잡하여 의미를 살려 의역했다. 직역하면 '이때 그들은 목자가 회초리로 양떼를 때리듯 신체로써 신체를 강제하는 식이 아니라 생명체가 가장 기민하게 [방향을] 틀 수 있는 방식, 즉 선미에서 배를 바르게 이끄는, 이를테면 설득이라는 키로써 영혼을 자기들(신들)의 의중대로 붙잡는 그런 방식으로 모든 사멸하는 것들을 이끌며 조타해 나갔다.' '조타하다(kybernaō)'나 '조타술(kybernētikē)', 또는 '항해술(nautikē)'이라는 말은 통치의 기술을 비유적으로 표현할 때 플라톤이 자주 쓰는 말이다(『에우튀데모스』 291c-d, 『국가』 346a-b, 488b, 488d-e, 551c 참고).

38 헤파이스토스와 아테나 : 이 두 신에 대해서는 『프로타고라스(Protagoras)』 320d 이하에 기록된 유명한 프로메테우스의 신화를 참고. 제우스의 머리에서 아테나가 태어나자 제우스의 처 헤라는 그에 지지 않으려고 혼자서 헤파이스토스를 낳았다. 헤파이스토스는 불과 대장장이의 신이며, 아테나는 여신이자 무장한 아테네의 수호신으로 도시 높은 곳에 신전이 자리하고 있다.

39 덕 : aretē. 보통 '덕'(109e, 110c, 120e, 121a)으로 번역되는 그리스어 aretē는 그 담지체 내지 담지 기능의 훌륭함 또는 탁월함을 뜻한다. 이를테면 땅의 aretē는 땅의 비옥함을 뜻한다[110e, 117b '땅이 비옥하여 (hypo aretēs gēs, 땅의 훌륭함에 의해)' 참고]. 덕에 대해서는 플라톤 대화편 여러 곳에서 여러 측면으로 아주 많이 언급되고 있는데, 덕의 정의에 관련해서는 『라케스(Lachēs)』 190b-c, 『프로타고라스』 360e, 361c, 『메논(Monōn)』 71a-d, 73c, 77b, 79d-e, 86c-e, 100b, 『국가』 354b-c 참고.

40 나라의 질서 : tēn tēs politeias taxin. '정치체제상의 제반 체계 및 질서.'

41 앞에서도 언급한 대로 : 『티마이오스』 23a를 참고. 티마이오스는 이곳에 주기적으로 억수 같은 비가 내려 문맹자들과 교양 없는 사람들만 남게 되었다고 말한 바 있다.

42 훌륭함과 관습 : tas aretas kai tous nomous. nomos는 '법'으로 번역했

으나 이곳과 110b에서만 '관습'으로 옮겼다(〈찾아보기〉 참고).

43 도시들을 : tas poleis. 아틀란티스 각 왕국들을.

44 i) 케크로프스 : 하반신이 뱀의 형상을 하고 있는 전설 속 아테네의 왕.
이 때문에 아테나이는 처음에 케크로피아로 불렸다고도 한다.

ii) 에레크테우스 : 전설 속 아테네의 왕. 포세이돈 또는 에리크토니오스
의 다른 이름이라고도 알려져 있다.

iii) 에리크토니오스 : 헤파이스토스와 아티스, 혹은 헤파이스토스와 아
테나 사이에서 태어난 자식으로 전설 속에서 케크로프스의 뒤를 잇는
아테네의 왕.

iv) 에뤼시크톤 : 테탈리아의 왕. 신들을 업신여겨, 데메테르 신전의 숲
에 있는 나무를 베어 쓰러뜨렸다는 죄목으로, 먹으면 먹을수록 시장함
을 느끼는 형벌에 처해져 결국 자기 자신도 먹어 치우는 비참한 죽음
에 이르렀다고 전해진다.

45 테세우스 : 아테네의 왕 아이게우스의 아들. 크레테의 미노타우로스를
쓰러뜨려, 아테네 사람들을 슬픔과 불안으로부터 해방시킨 이야기는
유명하다. 그 후로도 여러 가지 공적을 세워 아테네의 국민적 영웅이
되었다.

46 당시에는 … 봉납 신상일 수 있었는데 : hos koina … einai tois tote.
Stallbaum과 Moellendorf는 이 부분이 후에 붙은 보충 설명문이라고
보고 괄호에 넣었다. Loeb Text의 경우 R. Bury는 그리스어 원문을 괄
호에 넣어 소개해 놓았지만 번역은 생략하고 있다. 그러나 여기서는 J.
Burnet 교정본에 따라 이 부분까지 포함해 번역하였다.

47 게다가 … 증거라 하겠네. : 『국가』 5권 451-457에 나타난 수호자 교육
과 관련한 남녀 평등론 참고. '여신 그림과 여신상이 봉납 신상일 수
있었다는 것은 곧 고대 아테네 시절에는 시민으로서 남녀의 역할이 동
등했음을 보여 주는 증거'라는 뜻이다. '떼 지어 사는 것'을 동물 일반
으로 확대해석할 필요는 없을 것이다.

48 신적 인간들에 의해 : hyp' andrōn theiōn. '신적 인간들'은 신과 인간

사이에서 태어난 아테네의 건국 영웅들 혹은 통치자들.

49 군인 계층이 … 격리된 채 따로 살고 있었다네. : 『티마이오스』 246 참고.

50 양육과 교육 : trophē kai paideusis. 양육은 신체 발육과 관련한 것이고 교육은 정신의 함양과 관련된 것이다. '교육'은 '교양'으로도 옮길 수 있다. 교육의 중요성과 정의에 대해서는 『국가』 3권 416b-c, 4권 423e-424c, 7권 518c-d 참고.

51 식량 : trophē. 또한 [생존에] 필요한 정도 이상으로는 일절 다른 시민들로부터 얻으려 하지 않았네. 『국가』 3권 416d-e 참고.

52 어제 거론되었던 임무 일체 : Apelt는 『국가』 2권 376c 이하의 내용과 관련시켜 '어제' 『국가』의 대화가 이루어졌음을 암시하고 있으나 『티마이오스』를 보면 i) 소크라테스가 '어제' 한 이야기의 요지를 들려준 다음 빠뜨린 것이 없는가를 묻자 티마이오스가 전혀 없다고 말하는 부분(19a)이 나오는 데다가 ii) 그 요지가 『국가』의 일부 내용에 불과하다는 점에서 이상 국가와 관련한 '어제'의 이야기는 『국가』에서 이루어진 대화라고 보기 힘들다. 이 부분은 『티마이오스』에서 소크라테스가 행한 요지의 일부(『티마이오스』 17d)를 가리키는 것일 것이다.

53 우리 지역에 관해 언급된 것 : 이집트인들이 기록한 것을 가리킨다.

54 이스트모스 : 앗티케와 펠로폰네소스 반도를 잇는 폭이 좁은 코린토스 육지대.

55 키타이론과 파르네스 : 둘 모두 아테네 북서쪽 보이오티아와 앗티케의 국경 근처에 있는 산.

56 오로피아 : 앗티케 북쪽 보이오티아의 마을(오로포스)과 그 주변 지역. 바다를 사이에 두고 에우보이아섬의 에레트리아와 마주하고 있다.

57 아소포스강 : 보이오티아 북쪽 경계를 이루면서 서에서 동으로 흘러 에우보이아 쪽 바다로 흘러들어 가는 강.

58 이 지역의 경계가 … 닿아 있었다는 것이야. : 오늘날의 지리적 관점에서 보면 고대 아테네 지방의 경계에 관한 위의 설명들은 다소 부정확하다. 오늘날의 지리적 관점에서 다시 고쳐 보면 왼쪽으로는 이스트모스

를 경계로 코린토스와, 북쪽으로는 아소포스강을 경계로 보이오티아와, 오른쪽 위쪽으로는 오로피아와, 그리고 아래쪽인 남쪽으로는 바다와 경계를 이루고 있다. 그 옛날 고대 아테네의 경계라고 언급되고 있는 이 부분의 내용은 흥미롭게도 페리클레스가 지배하던 아테네 최전성기의 경계와 일치한다(〈그림 6〉 참고).

59 [지금] 남아 있는 땅 : 현재의 앗티케 땅을 의미한다.

60 다른 쪽 대륙에서부터 : apo tēs allēs ēpeiron. '다른 쪽 대륙'이란 바다쪽 대륙과 구별되는 쪽 대륙, 즉 내륙을 말한다. '대륙의 나머지로부터'라고 옮겨도 의미는 같다.

61 [연안의] 해저면 : ta tēs thalattēs angeion. Riddell & Scott의 부분 인용에 따라 '해저면(bed of sea)'으로 옮겼다. 곳으로 놓여 있어 컵 모양을 한 앗티케 반도 해안선 또는 단면상 그릇 모양으로 파진 연안 해저부를 말하는 것일 가능성도 있다.

62 사라져 버렸던 거야 : aphanizetai. 시제가 현재형이다. 지금까지도 서서히 '사라지고 있다'는 뜻. 대홍수가 일어났던 때로 하는 것이 자연스러워 과거형으로 번역했다.

63 구릉지대 : gēlophos hypsēlos. 높은 언덕 또는 토층이 두터운 언덕. 재해를 입기 전 흙이 쓸려 내려가지 않은 고원지대를 뜻한다.

64 돌흙 : phelleus. 용암이 굳어져 구멍이 많은 화산암 덩어리 또는 '돌흙(stony soil).'

65 지붕들 : stegasmata. 혹은 서까래(?).

66 얼마 전까지만 해도 … 건재하거든. : chronos d' ou pampolus hote dendrōn autothen eis oikodomēseis tas megistas erepsimōn tmēthentōn stegasmat' estin eti sa. '오래지 않은 시절, 그곳으로부터 가장 큰 집의 덮개용 나무들이 베어졌고 [그것으로 만들어진] 지붕들이 아직도 건재해 있다.' 이는 의미는 대충 이해할 수 있지만 이상한 문장으로, 원문이 손상되어 있어 정확한 것은 알 수 없다. 고치거나 보충어를 넣을 필요가 있어 Cobet는 'dendrōn' 뒤에 다음과 같이 보충

어를 붙여 놓았다. megalōn te kai hypsēlōn ēn mesta panta kai tōn
xylōn tōn. 이렇게 수정하면 '크고 높은 나무들로 꽉 차 있었고, 그곳
에서 큰 집의 지붕으로 적합한 재목들이 베어졌는데 그것들이 아직도
건재해 있다'는 의미가 된다[Taylor(1929) p.113]. Bury는 dendrōn을
dendra, ōn으로 수정.

67 재배나무들 : hemera hypsēla dendra. 가축 사료로 쓰기 위해 기른 나
무들. 재배나무는 상수리나무로 여겨진다[Taylor(1929) p.114 참고].

68 가축들에게 : boskēmasin. 염소나 돼지(?).

69 그리고 그 밖에도 ⋯ 제공해 주었네. : 이 문장의 동사 'epheren'이
'pherō'의 미완료 단수형이어서 '흙(gēs)'을 주어로 볼 수도 있다. 여기
선 의미상 앞 문장의 '재배나무들(hēmera dendra)'을 주어로 번역했다.

70 게다가 ⋯ 내려 주셨지. : 직역하면 '비'가 주어가 되어 '제우스 신으로부
터의 매년의 비가 풍부한 결실을 맺게 하였다'이지만 어색하여 풀어서
옮겼다.

71 각자 자신의 일을 행하는 : prattontōn auto touto. 이곳에서도 '각자 자
기 자신의 일을 행함'을 강조하는 플라톤의 생각이 엿보인다.『국가』
433d 참고.

72 도시 중심부 : asty. asty는 '도시'로도 번역되나 좀 더 세부적으로 말하
면 도시(polis)의 중심부, 도심을 뜻한다. 아테네인들은 지금의 아테네
시 지역을 asty라고 불렀다.

73 데우칼리온의 대재앙보다 시기상 세 번째 앞서 일어난 [대홍수] : 데우칼리
온은 프로메테우스의 자식으로 에피메테우스와 판도라의 딸 퓌라의
남편. 유명한 전설 속 홍수에 의해, 새로운 인류의 선조가 되었다. 타
락한 인류를 멸하기 위해서 제우스가 일으킨 대홍수로 대부분의 인간
은 익사하고 말았지만, 데우칼리온과 퓌라는 조각배를 타고 재난을 피
해, 이윽고 그리스인의 선조가 된 헬렌을 낳았다고 한다. 일설에는 크
레테의 왕 미노스와 마녀 파시파에 사이에 태어난 아들이라고도 전해
진다. 기독교 구약성서 창세기의 노아와 비교된다. 아테네를 덮친 대

홍수는 이 데우칼리온 대홍수 이전 시기에 일어난 대홍수로서 그 두 대홍수 사이에도 두 번의 대홍수가 있었다. 그러므로 아테네 대홍수는 데우칼리온의 대재앙에 시기상 세 번째 앞서 일어난 홍수가 된다.

74 에리다노스강과 일리소스강 : 에리다노스는 아테네의 북쪽을, 일리소스는 남쪽을 흐르는 강.

75 프뉙스 언덕 맞은 편 뤼카베토스 언덕 : 프뉙스는 아크로폴리스의 서쪽 구릉, 뤼카베토스는 북동쪽에 있는 비교적 큰 언덕.

76 신관들 : hiereon(Hermann), hieron(신전, Zurich). 버넷 텍스트는 후자로 되어 있으나 내용상 전자가 자연스러워 이 부분은 전자를 따랐음.

77 공동생활과 직무 : koinē politeia. 통치자 또는 국가 업무에 종사하는 자들의 '공동생활과 직무.'

78 건물 건축상의 제반 시설들을 완비하고 있었지만 : 내용상 '건물로 지어 줄 수 있는 것은 모두 다 지어 주었다'라는 의미.

79 금과 은으로는 장식하지 않았네. : 『국가』 416d ff, 『법률』 801b 참고.

80 호사스러운 것과 볼품없는 것의 중간 정도의 것을 장식의 주안점으로 삼아 : to meson huperēphanias kai aneleutherias metadiōkontes kosmias. 직역하면 '호사스런 장식과 평범한 장식의 중간 것을 목표로 삼아.'

81 그들을 닮은 다른 사람들 : 후대 사람들.

82 [때가 되면] 늘 그 [집을] 그대로 [대를 이어] 물려주었네. : tas autas aei paredidosan. 풀어서 말하면 '집을 물려줄 때가 되면 늘 하나같이 자기들이 살던 집을 그대로 고스란히 후손들에게 물려주었다'라는 의미.

83 사용하지 않았는데 그때에는 : 혹은 '비워 두게 되었을 때에는.'

84 두루 적합한 : 너무 차지도 너무 뜨겁지도 않다는 의미.

85 어렸을 때 들었던 이야기 : 『국가』 461d, 『티마이오스』 21a ff 참고.

86 종종 : pollakis. '혹시', '아마도'라고 옮길 수도 있을 것이다.

87 제물과 신전을 마련하였다고 언급했듯이 : 109b 참고.

88 포세이돈 : 올림포스 12주신의 하나. 바다의 신으로 지진과 기마의 신이기도 하다. 제우스의 형제로 세계를 삼분할 때 바다를 할당받았다.

무기는 삼지창을 갖고 있고 쉽게 흥분하고 분노하는 성격이다.

89 스타디온 : stadion. 스타디온은 길이를 나타내는 단위로 1스타디온은 약 177.6m, 606.75피트, 그리스피트 단위로는 600그리스피트. 117e 에서 제일 큰 해수 띠에서 바다까지 50스타디온 떨어져 있다고 한 것 으로 미루어 볼 때, 이 지점은 장차 만들어질 중앙 섬 남단이 아니라 도시부 남단, 즉 남단 쪽에서 도시부가 시작하는 지점이다.

90 나지막한 산이 있었네 : 나지막한 산 전체가 장차 궁전이 위치할 중앙 섬이 되는 것은 아니다. 중앙 섬을 둘러싸고 있는 해수 띠들 중 가장 외곽의 해수 띠에서 바다까지의 거리가 50스타이온이므로 나지막한 산은 장차 정상 둘레를 파서 중앙 섬을 포함한 도시 중앙부 전체를 건 설한 지역이다(115d, e, 116a 참고).

91 고리형 띠 : trochos. 도너츠 또는 통조림 파인애플 모양의 고리 띠. 고 리형 육지 띠(trochos gēs)와 고리형 해수 띠(trochos thalattēs)가 있다 (113d~117c, 〈그림 3〉, 〈그림 4〉 참고). 이후부터 고리형 육지 띠와 고리 형 해수 띠는 그냥 '해수 띠', '육지 띠'로만 표기하였다.

92 아주 거뜬히 : eumarōs. 포세이돈은 삼지창을 가진 신이므로 더욱 이 렇게 표현했을 것이다. 잘 알려져 있다시피 포세이돈은 앗티케의 소유 를 둘러싸고 아테나와 경쟁을 벌일 때 삼지창으로 땅을 찍어 샘이 솟 아나게 하였다.

93 다섯 쌍의 쌍둥이 : 즉 10명의 아이들.

94 영지 : meros. 각 왕들에게 배분된 영지. 즉 lēxis(116c 참고)를 말한다. 119c에도 나온다.

95 넓은 지역의 땅 : topon pollēs chōras. topos를 여기선 의미상 '땅'으로 번역하였다.

96 아틀라스 : 아틀라스는 그리스 신화에서는 친숙한 등장자로 티탄족 이 아페토스(올림푸스의 신들을 공격한 뱀의 다리를 가진 티탄족의 한 명)의 아 들이며, 프로메테우스나 에피메테우스의 형제이다. 이 책의 〈부록〉 '아틀란티스에 관하여' 참고.

97 최연장자이자 … 되었던 것이지. : 이 부분은 직역하면 "최연장자이자 왕
    인 자에게는, 그로부터 섬 전체와 대양은 '아틀란티코스'라는 이름을
    갖게 되었는데, 왜냐하면 당시 최초의 왕이 된 자에게 붙여진 이름이
    '아틀라스'였기 때문이다." 관계문으로 구성된 원문을 우리말로 풀면
    어색하여 여기서는 내용상 자연스럽게 의역했다.

98 그곳 : 섬의 끝자락.

99 지금 '가데이라'라고 불리는 지역의 일부 : 이 지역은 스페인 남서쪽 해안
    에 위치한, 오늘날 카디즈(Cadiz)라고 불리는 곳을 말하는 것이라 여겨
    진다.

100 가데이로스 : 플라톤은 솔론이 듣는 사람이 알기 쉽도록 아틀란티스
    어 원명을 그리스 말로 고쳤다고 말하고 있으나 '가데이로스'라는 말
    은 실제 '장벽'이라는 뜻을 가진 페니키아어에서 온 것으로 그리스어
    '에우멜로스(양을 많이 치는 자)'의 뜻과는 거리가 멀다.

101 그리고 그 뒤를 이어 … 그러한 이름이 붙었을 게야. : 이 내용(114b)으로
    미루어 아틀란티스섬 핵심 지역은 쌍둥이 형제 중 가장 나이가 많은
    아이에게 주고 동생인 가데이로스에게는 아틀란티스섬의 동쪽 끝자
    락 외곽 지역을 주었음을 알 수 있다. 그런데 그 지역이 건너편 유럽
    의 서쪽 끝 지역, 즉 '가데이라' 지역의 일부(지금의 카디즈)에 면해 있
    다는 것은 아틀란티스섬 동쪽 지역이 거의 유럽 가까이까지 뻗어 있
    었음을 보여 준다. 일부 학자들 중에는 그 형제가 헤라클레스의 기둥
    안쪽 지중해 지역까지도 지배했다는 점을 근거로(114c) 가데이라 지
    역까지도 가데이로스의 땅이라고 해석하는 사람이 있다.
    이 문장 마지막 부분의 경우, 원문 교정에 있어 학자들마다 조금씩
    차이가 있다. hoper t' epiklēn tautē onom' a⟨n⟩ paraschoi(Burnet).
    hoper an ten epiklen tautei [onoma] paraschoi(Bury), epiklesin
    tauten(Zurich) : [onoma]에 괄호를 친 것은 Moellendorf. hoper tēn
    epiklēn tautei an hama paraschoi(Apelt). 여기서는 Bury에 따랐음.

102 이전에 언급된 바와 같이 : 『티마이오스』 25a-b 참고.

103 튀레니아 : 이탈리아 남쪽 바다 이름. 『티마이오스』 25a-b 참고.

104 안쪽 사람들 : 헤라클레스의 기둥 안쪽, 즉 지중해 연안 국가 사람들
을 말함. 아틀란티스의 세력이 아테네 코 밑까지 뻗쳐 있음을 말해
준다. 이것이 아틀란티스와 아테네 사이의 전쟁의 원인이 되었을 것
이다(『티마이오스』 25a-c 참고).

105 딱딱한 것과 녹기 쉬운 광물 : hosa sterea kai hosa tēkta. 전자는 대리
석 같은 석재를 말하는 것으로 보인다. 후자는 납과 구리 등.

106 채굴되었고 : hypo metalleias oryttomena. 직역하면 '채광에 의해 파
내졌고'.

107 오레이칼코스 : oreichalkos. 백금 종류의 금속(?). 혹자는 '산(山)구
리', '산황동'으로 해석하기도 한다. 러시아의 아틀란티스 학자 니콜
라이 지로프는 고대에 구리와 아연을 합금하여 만든 '톰박'으로 추정
한다. 톰박은 아연을 18% 이하로 포함하여 붉은 빛이 도는 광물로
차갑고 단단하며 펴서 그림을 그리기 좋은 금속이라고 전해진다[W.
Bobcock(1922) p.29]. 그러나 테일러는 오레이칼코스는 오직 이 대
화편에만 나오는 금속으로서 어떤 금속인지 알 수 없으며 존재하는
것인지조차 정확히 알 수 없다고 주장한다[Taylor(1929) p.118].

108 섬 여러 지방에서 두루 : kata topous pollous tēs nēsou. 섬 내 10개
나라 전역을 의미.

109 코끼리 : elephas. 지리상의 발견이 이루어진 시대에 대서양의 여러
제도에서 코끼리가 발견된 적이 없다는 것을 근거로 플라톤의 주장이
허구라고 주장하는 사람들도 있다. 물론 고대 이집트에는 코끼리가
살고 있었고 플라톤은 그것에서 착상을 얻었을 것이다.

110 재배 과일 : hēmeros karpos. 포도(Hom. Od. v.69 참고).

111 마른 곡물 : xēros. 옥수수일 것이다.

112 콩류 : ospria. 콩 종류를 전체적으로 일컫는 말. Bury는 이것을 '채소
류'라고 옮겼다.

113 기타 식사를 위해 쓰는 것들 : 주식이 되는 마른 곡물 이외의 부식을 말

한다.

114 기름 : aleimma. 몸 또는 상처에 바르는 기름을 말한다.

115 나무 열매 : hosos xylinos. 올리브 또는 코코아 야자열매(?). 재배 과
     일과 대비되는 야생 과일을 말하는 것으로 보인다[Taylor(1929) p.118
     참고].

116 저장하기 힘든 과수나무의 열매 : 사과나 석류.

117 소화용 후식으로 내놓는 과일 : 레몬(?) 혹은 시트론(감 종류?).

118 그리하여 그들은 … 배치되어 있었네. : 이 부분 직역하면 '… 선박
     계류장 및 그 밖의 지역 전체를 다음과 같이 질서 속에다 장식하
     였다.'

119 신 : 포세이돈.

120 폭 3플레트론, 깊이 100푸스 : 1스타디온(177.6m)은 6플레트론. 1푸스
     는 29.6cm.

121 삼단노 군선 : triērēs. 200명이 3층으로 이루어진 선창에 3단으로 앉
     아 노를 젓는 군선으로 기동성이 뛰어나다. 살라미스 해전 당시 날씬
     한 선체와 기동성으로 페르시아 전함들 사이를 종횡무진 휘저으며 치
     고 빠지는 공격으로 승부하여 좁은 살라미스 해협에 3열로 빽빽하게
     늘어서 있던 페르시아 해군단에 치명타를 입혔다.

122 양쪽 : hekastachose. 육지 띠를 둘러싼 외벽과 다리가 만나는 곳을
     가리킨다.

123 선착장 : neōsoikos. 선박계류장(neōrion, 115c, 117d) 내의 일부 시설
     로 배를 만들거나 수선하는 곳. neōrion과 구분하기 위해 '선착장'으
     로 번역.

124 안쪽 : 중간 육지 띠의 외벽.

125 영지 : lēxis. 119c, 113e에 나오는 meros도 같은 의미이다.

126 영지들 각각의 신들 : 10개의 영지를 지배했던 최초의 왕들. 훗날 후손
     들에게 신들로 숭배되었을 것이다.

127 파풍 : 破風. akrōtēria. 건물에서 제일 높은 꼭대기 뾰족한 부분

(pinnacle). 우리나라 옛 건축물의 치미에 해당한다고 할 수 있다.

128 네레이스 : 폰토스(바다)와 게(대지) 사이에서 태어난 어부 네이레우스의 딸들. 귀엽고 아름다운 딸들이자 바다의 요정으로 해저의 동굴에서 네이레우스와 함께 살고 있다고 전해지는데, 통상 50명이라고 알려져 있다. 헤시오도스의 『신통기』 240ff 참고.

129 그들 : autōn. '그들'은 10명의 왕들로부터 태어난 왕자들만 가리키는 것이 아니라 10명의 왕들까지도 포함한 표현이라고 이해해야 할 것이다.

130 이 나라 : polis. 아틀란티스 도시를 말함.

131 그 샘들 : 113e를 참고.

132 그 본래의 물맛과 수질 때문에 그 샘들 각각은 놀랄 정도로 사람들이 이용하기에 적합했네. : hēdonēi de kai aretēi tōn hydatōn pros hekaterou tēn chrēsin thaumastou pephykotos, echrōnto. 샘들 각각을 주어로 표현하는 것은 문법상 어색하므로 Ast는 'pros hekaterou'를 'hekateron pros'로 교정한다. 여기서는 Ast를 따랐다.

133 짐을 끄는 동물 : hypozygion.

134 근위병 : doryphoroi. 『국가』 567d, 575b 참고.

135 3개의 항구들 : 제일 바깥쪽 해수 띠와 바다를 잇는 운하에 연해 있는 항구들인지, 중앙 섬에서 바깥쪽으로 향하는 운하와 3개의 해수 띠가 만나는 주변에 자리한 항구들인지는 분명치 않다.

136 제일 큰 고리 띠와 항구 : 제일 큰 고리 띠는 도시 중앙부를 둘러싼 제일 바깥쪽 해수 띠를 말한다. 항구는 그 해수 띠 외곽 방향 연안 둘레에 위치한 항구일 것이다. 이로 미루어 항구는 중앙 섬에서 바다로 나가는 운하의 주변은 물론 해수 띠 연안에도 있었던 것으로 보인다.

137 바다 쪽 운하 입구에서 하나로 연결되었네. : synekleien eis tauton pros to tēs diōrychos stoma to pros thalattēs. Stallbaum은 synekleien이 지닌 용례상의 난점에 기초하여 'to pros thalattēs'의 'to'를 'tō'로 고치고 'pros to tēs diōrychos stoma'에서 'pros'를 삭제할 것을 제안하였

다. 그렇게 하면 '성벽이 운하의 입구를 바다 쪽 입구와 하나로 연결
시켰다'라는 의미가 된다. 어쨌거나 '바다로부터 들어오는 곳'이나 '운
하의 입구'는 내용상 같은 장소를 지칭하므로(115d 참고) 내용에서는
큰 차이가 없다. 이 구절에서 '해안을 기점으로'는 '바다를 기점으로',
'바깥쪽으로'는 '전방위(pantachē)'가 원래 뜻이지만 우리말로는 어색
해 바꿔 옮겼다.

138 내륙으로 들어가는 운하와 [그 주변 항구들 중] 가장 큰 항구 : '내륙으로
들어가는 운하(ho anaploos)'와 그곳에 연해 있는 항구들 중 가장 큰
항구. 앞에서 말한 세 항구 중 하나일 것이다.

139 옛날에 들었던 : 여기서 '옛날(tot')'이 의미하는 것은 아틀란티스 시대
라기보다는 크리티아스가 자기 할아버지로부터 이야기를 들었던 때
일 것이다. 『티마이오스』21a ff 참고. 118b3의 tote hymneito는 이에
대비되는 시제로 tote가 가리키는 때는 '아틀란티스 시대'이다. 118a2
의 ellegeto는 이곳 elechthē와 같은 때를 나타낸다. legō 동사는 미
완료가 부정과거(aorist) 시제로도 사용될 수 있는 몇 안 되는 동사이
다[Taylor(1929) p.122 참고].

140 깎아지르듯 아주 높이 솟아 있었으나 : 섬 전체 해안가가 단애로 이루어
졌음을 말한다.

141 주민들 : hoi perioikoi. 'perioikoi'를 '주민'으로 번역했다. 참고로 라
코니아에서는 시민 자격은 있으나 정치적 자유는 누리지 못했던 사람
들을 '페리오이코이'라고 불렀다.

142 그 위쪽 : anōthen ap' autēs. 직사각형 평야의 내륙 방향 제일 북쪽
가로변을 따라 파진 해자.

143 수로 : 앞에서 '운하'로 번역한 dioryx로 표기되어 있으나 폭의 차이를
드러내기 위해 편의상 이곳은 '수로'로 번역하였다.

144 물줄기 : nama. 샘 웅덩이 또는 우물을 의미.

145 병력의 수와 관련해서는 : plethos. 또는 '민중들의 경우.'

146 구역 : klēros. 여기서 말하는 '구역'들의 총 수가 60,000개에 달한다

는 것으로 미루어, 평야 지대는 우선 종단 및 횡단 수로들에 의해 구획된 총 600개의 대(大)구역들로 나뉘어 있고(〈작품 안내〉, 〈그림 2〉 참고), 그 구역들은 각각 다시 100개의 소(小)구역으로 나뉘어 있었던 것으로 보인다. 따라서 여기서 말하는 '구역'은 '소구역'일 것이다. 소구역의 면적이 100평방스타디온이라면 가로세로 길이는 각각 10스타디온(1776m)일 것이므로 km²로 환산하면 약 3.15km² 정도가 된다.

147 부품들을 다 모으면 전차 1만 대를 만들 수 있도록, 전차 한 대에 필요한 여섯 가지 부품들 중 하나 : hekton men harmatos polemistēriou morion eis myria harmata. 직역하면 '1만 대 전차용, 전차 한 대의 6분의 1의 부품'이다. 내용을 풀어서 설명하자면 총 1만 대의 전차(한 대가 여섯 개의 부품으로 구성)를 조립할 수 있도록 6개 구역을 한 단위로 총 6만 개의 구역이 서로 다른 부품을 공출하도록 한 것.

148 하차병 : katabatēs. 전차가 적진에 이르면 전차에서 내려 작은 방패만 가지고 기동력 있게 싸우는 병사.

149 말 두 필 및 [그것을 탈] 기병들, 그에 더해 [전차용 말로서] 마차 부분을 제외한 그냥 말 두 필, 그리고 [그 전차에 탈] 작은 방패를 가진 하차병 한 명 및 두 말을 몰 말몰이병 한 조 : hippous de duo kai anabatas, eti de sunērida chēris diphrou katabatēn te mikraspida kai ton amphoin metepibatēn toin hippoin hēniochon echousan. 원문에서 Bury는 metepibatēn을 Burnet은 met' epibatēn을 택하고 있다. 만약 버넷을 취하면 이 부분은 '말 두 필 및 [그것을 탈] 기병들, 그에 더해 [전차용 말로서] 마차 부분을 제외한 그냥 말 두 필, 그리고 그 전차에 탈, 작은 방패를 가진 하차병, 전차를 타고 싸우는 병사(epibatēs) 및 그 외 두 마리 말을 [타고] 모는 말몰이병 한 조' 등 네 명의 병사가 된다. 하차병을 제외한 세 명의 병사가 한 마차에 탄다는 것이 자연스럽지 않아 여기서는 Bury를 따랐다[Taylor(1929) p.124 참고].

150 투석병 : sphendonētēs. 투석기를 이용하여 돌을 쏘아 공격하는 병사. 경무장 투석병(lithobolos)은 직접 돌을 던져 공격하는 병사.

151 목을 잘라서는 그 비석 꼭대기에 [얹어 피가] 비문 위로 흘러내리게 했네. : 일부 고고학자들과 역사학자들은 플라톤이 크레테의 황소 예식에 기반을 두고 아틀란티스의 황소 제물에 대해 기술했다고 주장한다. 더욱이 산토리니섬 미노스 유적지에서 발견된 파편 중에는 끝이 점점 가늘어지는 돌기둥이 발견되기도 했다. 그러나 고대 작가들에 따르면 포세이돈을 기념하기 위해 황소가 정기적으로 희생되었다고 한다. 황소의 담즙이 쓴 바닷물과 비슷해서 제물로 선호되었다는 것이다. 이런 점을 고려하면 황소 예식을 미노스 문명과 연결 지어 생각하는 것보다는 포세이돈과 연관 지어 생각하는 것이 더 설득력이 있고 플라톤도 그런 근거에서 황소 예식을 끌어들였을 것이다 [Collins(2000) p.101 참고].

포세이돈에게 황소를 바치는 것에 대해서는 호메로스의 『오뒷세이아』 ⟨iii. 6⟩을 참고.

152 크라테르 : kratēr. 술 등을 섞기 위해 만든 그릇.

153 술을 섞으면서 자기들 각자를 위해 핏방울도 같이 집어넣었네. : 술에 집어넣은 피는 황소의 피가 아니라 통치자의 피일 것이다.

154 술 : 크라테르에 피와 함께 섞인 술. 아마도 포도주였을 것이다.

155 식사 및 기타 필요한 일로 : peri to deipnon kai tanagkaia diatripsas. '식사 및 기타 필요한 일과 관련하여.'

156 그리고 왕들 중 … 그것이네 : 『법률』 184 a, b에도 같은 내용이 있다.

157 신 : 제우스.

158 그 왕국들에 : en ekeinois tois topois. 여기서는 topos를 '왕국'으로 의역. 아틀란티스 왕들이 지배한 10개 나라들을 말한다.

159 그러한 만큼의 그리고 그러한 정도의 [엄청난] 능력 : tosautēn kai toiautēn dynamin. 질적인 능력과 양적 능력 모두를 의미한다.

160 앞에서 말했던 모든 것들 : 갖고 있는 물적 · 심적 자산을 말한다.

161 신적인 부분 : theou moira. 그들 안에 있는 '신으로부터 받은 본성.'

162 자제력을 배워 : sōphronisthentes. 혹은 '징계를 받아'로 옮길 수도

있다.

163　여기서 이 대화편은 중단되어 있다. 중단된 이유와 이후의 내용에 관
　　해서는 〈작품 안내〉 참고.

작품 안내

1. 『크리티아스』를 쓴 목적

플라톤의 『크리티아스』는 무엇보다도 아틀란티스에 대해 언급한 최초의 문서로 유명하다. 아틀란티스는 먼 옛날 지진으로 대서양 해저에 가라앉았다고 전해지는 환상의 섬이다. 그런 연유로 훗날 이 작품에는 '아틀란티코스(아틀란티스 이야기)'라는 부제가 붙었고, 플라톤 주석자로 유명한 프로클로스는 『크리티아스』를 인용하며 아예 그 출처를 '아틀란티코스'라고 써 놓기도 했다. 특히 플라톤의 대화편이 영역되어 대중들에게 알려진 19세기부터 오늘날까지 이 신비의 섬 아틀란티스를 소재로 쓰인 책이 무려 5천 권을 넘는다 하니, 플라톤이 『크리티아스』를 통해 전해 준 아틀란티스 이야기가 얼마나 많은 사람들의 환상과 호기심을 불러일으켰는지 가히 짐작할 수 있다.

그러나 만일 저자인 플라톤이 이러한 사실을 접한다면 놀라지 않을 수 없을 것이다. 플라톤이『크리티아스』를 쓰면서 중점적으로 이야기하려고 했던 것이 아틀란티스 자체에 관한 것은 아니었기 때문이다. 물론 이 대화편은 완성되지 않은 채 중도에 중단되었고 기록된 내용의 상당 부분은 아틀란티스에 관한 것이지만, 나머지 대화편들에서 플라톤이 언급한 바에 따르면 그가『크리티아스』를 통해 전달하고자 한 것은 다른 것이었음이 분명하다.

우선 서두만 보더라도『크리티아스』는 이미 다른 대화편들과 어떤 연관을 가지고 구상되었음을 확인할 수 있다. 소크라테스는 그 전날, 티마이오스, 크리티아스, 헤르모크라테스에게 훌륭한 나라에 관한 이야기를 들려준 답례로 그들로부터 그 훌륭한 나라가 실제로 구현된 모습에 관해 듣고 싶어 한다. 그 요청에 따라 이들 셋은 각자 주제를 나누어 기꺼이 소크라테스에게 이야기를 들려주기로 합의하고, 제일 먼저 티마이오스가 우주와 생명체의 탄생에 대해 이야기한다. 이것이 곧『티마이오스(Timaios)』의 내용이다. 티마이오스의 모든 이야기가 마무리되면,『크리티아스』에서 그 다음 주제에 관한 이야기가 이어지고, 마지막으로 헤르모크라테스의 이야기도 예고되고 있다. 이로 미루어 볼 때 플라톤은 훌륭한 나라의 구현과 관련해『티마이오스』,『크리티아스』,『헤르모크라테스(Hermokratēs)』로 이어지는 3

부작 형태의 대화편을 구상했던 것 같다.

그런데 이 3부작이 훌륭한 나라의 구현과 관련해 어떻게 연관되어 있는지는 언뜻 분명해 보이지 않는다. 『헤르모크라테스』는 아예 쓰이지도 않았고 『티마이오스』의 주제는 우주 생성에 관한 것이며, 크리티아스의 이야기는 중도에 끊어지기 전까지 고대 아테네와 아틀란티스 제국 간의 전쟁을 다루고 있기 때문이다. 그러나 『티마이오스』의 서두를 좀 더 면밀히 분석해 보면, 이 3부작이 플라톤의 주도면밀한 계획 아래 각각 제 나름의 목적을 가지고 구상되었음을 알 수 있다. 즉, 플라톤은 『티마이오스』의 서두에서 자신이 제기한 이상적인 정체(政體)와 그러한 정체하에서 구상된 교육론이 단지 이론에 그치는 것이 아니라 실제 구현 가능한 것이라는 점을, 또 역사적으로 그러한 이상이 구현된 바 있고 앞으로도 구현될 것임을 밝히고 싶었던 것이다. 『티마이오스』에 나타난 우주와 인간의 탄생에 관한 이야기는 이상적인 정체와 인간성의 근원이 이미 질서와 조화를 갖추고 있고 부동의 영원성을 부여받은 대우주에 뿌리박고 있으므로, 태곳적부터 실재하는 우주가 그러하듯 훌륭한 나라와 시민의 덕 또한 소우주로서 현실로 구현될 수밖에 없음을 밝히고 있다. 크리티아스의 이야기 또한 마찬가지이다. 거대한 아틀란티스 제국을 물리친 고대 아테네 사람들의 모습과 위대한 행적을 이야기함으로써 이상적인 나라와 시민들이 실제로 존재했음을 증명하려는 것이었다.

실제로 쓰이지는 않았지만 『헤르모크라테스』 또한 이러한 전체 구도하에서 구체적인 법률과 제도를 제시함으로써 장차 현실적으로 구현될 수 있는 이상 국가의 모습을 설계하고자 했다.

우주와 국가와 인간을 하나의 통일된 유기체로 긴밀하게 묶어 내려고 했던 플라톤 말년의 구상은, 사실 개인과 국가의 관계를 소문자와 대문자의 관계로 유추하여 그 유기적 관계를 분명히 하고자 했던 중기의 대작 『국가(Politeia)』에서도 어느 정도 시사되어 있다. 국가와 인간의 이러한 내적 연관이 후기에 이르러 티마이오스의 우주론으로 뒷받침되면서 우주와 국가와 인간은 하나의 생명체처럼 동일한 조직과 구조를 갖는 유기체로 확립되기에 이른다. 그리하여 플라톤은 그러한 원대하고도 주도면밀한 구도 속에서 인간과 국가와 우주가 아날로기아적 존재임을 확인하고, 그것에 기초해 인간과 그 국가가 구현해야 할 이상적인 모습을 자신 있게 그려 나갈 수 있었던 것이다.

그러나 『티마이오스』, 『크리티아스』, 『헤르모크라테스』로 구성된 3부작을 완성하겠다는 플라톤의 계획은 끝내 마무리되지 못했다. 『티마이오스』의 후속작이었던 『크리티아스』는 중도에 끊어져 완성되지 못했고 『헤르모크라테스』는 아예 쓰이지도 못했다.

그러나 앞에서도 이야기한 것처럼 『크리티아스』는 플라톤이 고유하고도 일관된 목표와 의도를 가지고 쓴 것이 분명하다. 특히 플라톤 전집을 펴낸 아리스토파네스나 트라쉴로스의 편찬 체계를 보면 『크리티아스』가 『티마이오스』와 마찬가지로 내용이나 형식 면에서 『국가』와 밀접한 관련이 있음을 알 수 있다. 이러한 점을 전제한다면 우리는 애초 플라톤이 계획한 『크리티아스』의 전체 구도를 추정해 볼 수 있을 것이다. 그러나 우리가 『크리티아스』에 대해 논의하기로 한 이상, 『티마이오스』와 관련된 이러한 추가적인 논의를 하기에 앞서 우선 실제로 우리에게 전해져 내려온 『크리티아스』를 살펴보는 것이 급선무라 할 것이다.

2. 『크리티아스』의 기본 내용

『크리티아스』는 플라톤이 파란만장한 일생을 보내고 60세(기원전 369년)가 지나서야 쓴, 이른바 후기 대화편들 중 하나이다. 후기 대화편들 중 『필레보스(Philēbos)』를 어디에 위치시키느냐에 따라 다소 이견이 있기는 하지만, 대체로 『크리티아스』는 『법률(Nomoi)』을 제외하면 가장 나중에 쓰인 작품으로 알려져 있다. 『크리티아스』에 등장하는 대화가 실제 이루어진 시기는 기원전 430년에서 425년 즈음으로, 소크라테스는 40~45세 정도였고 플라톤은 아직 어렸을 것이라고 추정된다. 절기는 7월 초순, 벤디아의 축제 뒤 작은 판아테나이아의 축제가 열리고 있었던 때라고 묘사되어 있다.

『크리티아스』는 크게 서두(106a-108d), 제1부(108e-112e), 제2부(113a-120d), 그리고 끊어지기 전 마지막 부분(120d-121c)으

로 나눌 수 있다. 서두(106a-108d)는 『티마이오스』에서 사람들이 이미 합의한 대로 크리티아스가 이야기를 이어받으며 시작한다. 크리티아스는 자신이 맡은 주제가 이야기하기 어려운 주제라는 데 대해 사전에 양해를 구하고 헤르모크라테스가 그 다음 이야기를 이어받을 것이라고 예고한다. 이로써 『크리티아스』와 『헤르모크라테스』가 『티마이오스』의 후속편이자 전체적인 계획하에 쓰인 것임을 재확인할 수 있다.

제1부(108e-112e)는 크리티아스가 조부 드로피데스(Drōpidēs)에게서 들은 대로, 솔론의 시대로부터 9천 년 전 아테네와 아틀란티스 사이에 일어난 전쟁에 관해 이야기하며 시작된다. 우선 아틀란티스에 용감하게 대적해 승리를 거둔 고대 아테네를 찬양하며, 아테네의 건국 배경과 자연환경의 우수성, 그리고 선조들이 이룩한 이상적인 사회상과 행적에 관해 이야기한다. 특히 고대 아테네의 이상적인 사회상과 행적에 관한 내용이 『국가』에서 언급된 내용과 상당 부분 일치한다. 이런 점에서 플라톤은 자신이 언급한 이상적인 나라가 단지 구상에만 머무른 것이 아니라 실제로 고대 아테네의 선조들을 통해 실현되었음을 밝히려 했다는 것을 알 수 있다.

제2부(113a-120d)는 당시 헤라클레스의 기둥 바깥쪽에 위치해 있다가 안쪽으로 쳐들어와 아테네와 그리스 사회를 위협했던 막강한 세력의 아틀란티스 제국에 대해 상세하게 이야기하고 있

다. 이 부분은 분량으로 봤을 때 『크리티아스』의 상당 부분을 차지하고 있을 뿐 아니라 아틀란티스의 건국에서 시작해 그 지리적 특징과 계보, 자연환경, 생산물, 도시, 신전 및 시설, 그리고 통치 체계와 법률을 아우르는 흥미 있는 이야기로 가득 채워져 있다. 게다가 이야기 속의 섬이 바다 속에 가라앉아 사라져 버렸다는 전설까지 더해져 『크리티아스』의 본래 주제와는 상관없이 일반인들로부터 집중적인 관심을 받고 있다. 아틀란티스섬에 대해서는 해설 끝 부분에서 따로 살펴보기로 하자(아틀란티스섬에 관한 좀 더 자세한 내용은 〈부록〉 '아틀란티스에 관하여' 참고).

마지막 부분(120d-121c 중단된 부분까지)은 다소 의아스러운 부분이다. 바로 앞부분까지는 아틀란티스에 대해 매우 일관된 논조로 이야기하고 있으며 아틀란티스의 통치 체계와 법률 역시 매우 긍정적으로 언급되어 있다. 그러나 이 마지막 부분에 와서는 이야기의 반전을 예고하기라도 하듯, 불쑥 신들이 그들의 엄청난 능력을 아틀란티스로부터 거두어들여 다시 아테네에 장착시켰다고 이야기하면서, 이제까지와의 논조와는 달리 아틀란티스 통치자들의 타락 과정을 집약적으로 제기한다. 그리고 곧바로 그들을 징벌하기 위한 제우스의 조치에 대해 이야기하는 도중에, 대화는 중단되고 만다(이상의 『크리티아스』의 내용들을 단락별로 보다 세분화한 내용은 〈세부 내용 구분〉 참고).

3. 『크리티아스』가 중단된 이유와 처음 플라톤의 구상

앞에서 이야기한 것처럼 『크리티아스』는 이야기의 중요한 반전을 이루는 문장 한가운데서 끊어져 있다. 도대체 어떻게 된 일일까? 『티마이오스』와 『크리티아스』가 플라톤의 후기 작품들 중에서도 가장 나중에 쓰인 작품이라는 데 별 이견이 없다는 점을 고려하면, 일단은 플라톤이 힘에 부쳐 했거나 여생을 『법률』의 완성에 바치고 싶어 했을 것이라고 추론해 볼 수 있다. 또 이 대화편이 실제로는 완성되었지만 어떤 사고로 대부분 소실되어 지금과 같은 모습으로 남아 있는 것일 수도 있다. 그러나 어떤 문헌에서도 유실된 부분에 관한 내용이 언급되지 않은 것으로 볼 때, 원래부터 완성되지 않은 채로 전승되었다고 보는 것이 타당할 것이다.

그러나 어찌 됐든 애초 플라톤의 구상과 목표를 되새겨 보면 기본적으로 『크리티아스』에는 전쟁 때나 평화기일 때나 늘 훌륭한 나라의 모습을 보여 주었던 고대 아테네의 실제 모습이 담길 예정이었음을 알 수 있다. 따라서 우선 아테네와 아틀란티스 사이에 일어났던 전쟁을 주제로 고대 아테네의 건국 배경과 지리적 환경의 우수성을 찬양하고, 그에 이어 전쟁 상대였던 막강한 아틀란티스 제국의 여러 모습들을 소개하고 있는 것이다. 따라서 중단된 이후에 어떤 내용이 담겼을 것인지는 어느 정도 짐작이 가능하다. 우선, 막강한 아틀란티스와 아테네 사이에서 벌어진 전쟁의 과정이 소상히 언급되었을 것이다. 그 과정에서 나타난 고대 아테네 사람들의 용맹함과 그처럼 위대한 시민을 길러낸 고대 아테네의 정체 및 교육 방식이 다방면으로 소개되었을 것이며, 훌륭한 업적에 대한 찬양도 뒤를 이었을 것이다.

사실 이러한 추정은 그다지 허황된 것이 아니다. 『크리티아스』의 마지막 부분을 보면, 아틀란티스의 막강한 능력들이 아테네로 넘어오는 국면을 이야기하고 있는 데다가 아주 비슷한 이야기 방식, 특히 선조들을 찬양하는 방식이 플라톤의 다른 대화편 『메넥세노스(Menexenos)』에서도 똑같이 발견되기에 이야기의 형식적 흐름을 예상할 수 있기 때문이다. 더구나 이 형식은 플라톤이 생각해 낸 것이라기보다는 오히려 아테네의 전통적인 형식에 근거한 것이라는 점에서 더욱 설득력을 가진다. 무엇보다 『크리티아스』제1부에 나타난 고대 아테네에 대한 찬양은 내용면에서나 형식면에서나 『메넥세노스』의 추도 연설 가운데에서 전몰자에게 바쳐진 찬양과 아주 흡사하다. 『메넥세노스』(237b-238b)에서도 역시 『티마이오스』에서와 마찬가지로 전몰자를 포함한 아테네 사람 일반의 좋은 점을 그들의 선조가 이주민이 아니라 토착민이었다는 것에서 찾고 있으며, 아테네 국토의 좋은 점을 그 땅이 신들의 사랑을 받았다는 사실에서 찾고 있다. 또 『메넥세노스』에서는 아테네의 토지가 비옥하다는 증거를 제시하고 있는데, 이와 동일한 논법을 『크리티아스』(109b-111b)에서도 살펴

볼 수 있다. 이 밖에 '훌륭한 정체가 선한 사람을 기른다'라는 생각 역시 두 대화편에서 완전하게 일치하고 있다. 그러므로 비록 중도에 끊어져 더 이상은 내용을 알 수 없을지라도 선조들의 용맹성과 위대한 업적에 대한 찬양이 비슷한 방식으로 이어질 것이라고 추정하는 것은 그리 어렵지 않다. 그리고 이야기는 아마도 그러한 위대한 선조들의 자손이 현재의 아테네인임을 긍지로 되새겨야 한다는 것을 강조하고 선조들의 가르침과 그들이 갖추고 있던 덕을 이어받아 더욱 훌륭한 나라를 구현하는 데 힘써야 한다는 데까지 이어졌을 것이며, 대홍수로 아틀란티스가 파국을 맞았다는 이야기나 크리티아스, 헤르모크라테스, 소크라테스, 티마이오스의 짤막한 마무리 대화로 끝이 났을 것이다.

4. 『크리티아스』를 바라보는 여러 시각들

물론 확인할 수 없는 『크리티아스』의 뒷부분을 추정해 보는 것은 부질없는 일로 여겨질 수도 있을 것이다. 어디까지나 주어진 자료를 통해서만 대화편을 분석할 수 있을 것이기 때문이다. 그러나 『크리티아스』의 뒷부분을 추론해 보는 것은 단순히 호기심만을 충족시켜 주는 것이 아니라 『크리티아스』를 이해하는 또 다른 길을 열어 주기도 한다. 특히 그러한 추정의 연장선상에서 현존하는 『크리티아스』의 마지막 부분을 살펴보면 『크리티아스』가 중단된 이유와 그 의미들을 새로운 측면에서 음미해 볼 수 있다.

앞에서도 언급하였듯이 『크리티아스』의 마지막 부분을 보면 아틀란티스에 부여되어 있던 능력들이 이제는 아테네에 장착되었다는 이야기와 함께 아틀란티스에 대한 그때까지의 논조와는 달리 아틀란티스 통치자들의 부정적인 모습과 타락상이 처음으로 언급되며, 그들을 징벌하기 위해 제우스가 신들을 소집했다는 이야기가 나온다. 그리고 나서 돌연 대화가 중단된 것이다. 물론 이 부분은 이야기의 중심을 아테네로 옮겨 오려는 플라톤 나름의 구도였을 수도 있다. 그러나 그렇다 하더라도 이 부분은 앞서 추론했던 『크리티아스』의 전개 방향과 썩 어울리지는 않는다. 앞에서 추정한 바에 따르자면 이야기는 아테네가 막강한 아틀란티스를 물리치는 과정과 그 과정에 나타난 아테네 선조들의 위대성, 그리고 그 힘을 낳은 아테네의 정체에 대한 찬양으로 이어져야 자연스러울 것이기 때문이다.

그렇다면 이야기의 흐름은 왜 돌연 부자연스럽게 바뀌었으며, 하필이면 왜 그 부자연스러운 부분에서 『크리티아스』가 중단되었을까? 『크리티아스』의 뒷부분이 전승 과정에서 없어진 것이 아니라 플라톤이 스스로 작성을 포기한 것이라는 데 무게를 둔다면, 이러한 구도의 변화는 플라톤이 애초 계획했던 3부작을 완성할 수 없게 되자 그때까지 써 두었던 것들을 새로운 계획에 따라 변경하는 과정에서 생겨난 것이라고 볼 수 있지 않을까? 특히 『티마이오스』의 경우, 글의 배포를 위해 신중하게 수정을 가한 흔적들이 여러 군데서 발견된다는 점은 이러한 추론에 더욱 힘을 실어 준다. 사실 몇몇 학자들은 이러한 의문에 주목해 본격적인 연구를 수행하기도 했는데, 그들은 세부적인 사항에 대한 견해 차이에도 불구하고, 대체로 현재의 『티마이오스』와 『크리티아스』가 처음에 써 두었던 상태 그대로가 아니라는 데 동의한다. 플라톤은 어떤 이유 때문에 3부작을 포기할 수밖에 없게 되었고, 그 후, 적어도 몇 년의 시간을 두고 내용을 조정해 가면서 일부 내용을 분리하거나 덧붙였고, 또 일부 내용은 폐기했다는 것이다.[1]

혹자는 『티마이오스』가 대화에 불참한 사람에 대한 언급으로 시작된다는 것에 주목해 맨 처음 플라톤은 3부작이 아니라 4부작을 계획하였으며, 어떤 사정이 생겨 3부작으로 축소·변경하였지만 그마저 여의치 않자 『티마이오스』의 초고에 그 계획 전반과 관련한 머리말을 붙여 이 책을 완성하였다고 주장한다. 즉, 플라톤은 『티마이오스』의 초고에 처음 구상했던 전체 의도와 무명의 화자가 맡았을 것으로 추정되는 이상 국가에 관련된 이야기를 소크라테스가 개관해 주는 형식으로 축약·삽입한 다음, 별도의 『크리티아스』 초고로부터 핵심적인 개요를 뽑아 추가하

---

1 이러한 추론들과 관련한 대표적인 몇 가지 관점들과 그 세부적인 이야기는 웰리버(W. Welliver)의 소책자(1977)를 참고.

고, 헤르모크라테스의 이야기는 다만 예고하는 형식으로만 처리했다는 것이다. 그런가 하면 어떤 학자는 플라톤이 3부작을 쓰기 위해 먼저 신들의 탄생만을 다룬 『티마이오스』의 초고와 아틀란티스 이야기만을 다룬 『크리티아스』의 초고를 써 두었다가 나중에 본격적으로 집필했다고 말한다. 그러나 3부작 계획을 포기할 수밖에 없는 사정이 생기자 『티마이오스』는 머리말에 가상의 대화를 끌어들여 새롭게 보완·재구성했지만, 『크리티아스』는 결국 완성하지 못했다는 것이다. 또 혹자는 『크리티아스』의 초고 일부를 『티마이오스』에 삽입한 뒤 남아 있는 크리티아스의 이야기를 매듭짓기 위해 아예 방향을 바꾸어 아틀란티스의 멸망과 관련한 역사적 교훈 내지 경고를 담으려 한 것이라고도 추정한다.

물론 이러한 추론들은 모두 구체적인 자료들보다는 의문점들을 해소하고자 하는 학자들의 상상력에 의존한 것들이다. 그럼에도 이러한 추론들은 앞에서 우리가 품었던 몇 가지 의문점들에 관해 의미 있는 시사점을 던져 주는 동시에 『크리티아스』를 폭넓게 이해하기 위한 또 다른 관점들을 제공해 주고 있다. 특히 『크리티아스』가 애초의 계획에서 방향을 바꿔 아틀란티스의 멸망과 관련한 역사적 교훈 내지 경고를 담으려 했다는 추론은, 앞서 언급한 것처럼 『크리티아스』의 마지막 부분에서 느낄 수 있는 글 전개의 어색함을 해소해 주는 동시에 『크리티아스』가 가지는 의미를 흥미롭고도 풍성하게 보여 준다.

사실 『크리티아스』의 마지막 부분은 『크리티아스』가 맨 처음 어떤 의도에서 쓰였는지와는 상관없이, 그리고 그 어색하고 급작스러운 흐름에도 불구하고, 여러 학자들에 의해 『크리티아스』의 핵심적인 주제가 담겨 있는 부분으로 받아들여지고 있다. 이 부분은 당시 융성했던 아틀란티스 제국이 왜 멸망했는가에 대한 중요한 교훈을 함축하고 있을 뿐만 아니라, 그 교훈의 내용과 의미가 플라톤의 중심적인 사상과도 밀접하게 연관되어 있기 때문이다. 이른바 욕망과 쾌락에 대한 이성의 지배와 절제, 자기 것 이상을 얻으려는 탐욕과 자신의 분수를 모르는 오만에 대한 경계와 반성, 덕과 지혜의 함양과 정의의 구현은 플라톤 사상을 구성하는 핵심적인 개념들이다. 요컨대 『크리티아스』의 마지막 부분은 '아무리 강대한 나라의 뛰어난 통치자들이라 하여도 본성(physis)으로 부여받은 덕(aretē)과 지혜(phronēsis)를 유지하지 못하고 분수를 넘어 탐욕(pleonexia)과 오만(hybris)에 빠지게 되면 전쟁 때나 평화기일 때나 결국은 자멸을 면치 못한다'라는 경고를 그 핵심 내용으로 부각시키면서 『크리티아스』 전체에 생명력을 불어넣고 있는 것이다. 게다가 『크리티아스』에 등장하는 고대 아테네에 대한 찬양이 내용과 형식면에서 『메넥세노스』와 유사한 내용이 많다는 점, 동시에 『메넥세노스』에서 아테네의 전쟁 상대국이 페르시아이고, 『크리티아스』에서는 아틀란티스 제국이라는 점, 그리고 플라톤이 『크리티아스』에서 아틀란티스에 대해 말한 것과 똑같이 『메넥세노스』에서도 "아시아를 정복하고 유럽을 노예화하려던 페르시아를 막아 낸 것은 바로 이 땅의 자손들, 즉 우리들의 선조였다."(『메넥세노스』 240d)라고 언급하고 있는 점 등을 고려하면 『크리티아스』가 함축하고 있는 의미를 좀 더 명시적으로 이해할 수 있다. 즉, 플라톤은 먼 옛날 강대국 아틀란티스를 물리친 고대 아테네의 모습과 선조들의 위대한 행적을 찬양하고 아틀란티스에 대한 제우스의 경고를 토대로, 내적으로는 페르시아를 물리친 아테네의 위대함을 칭송하고 페르시아로 상징되는 강대국의 오만 무례함과 그 통치자들의 도덕적 부패와 어리석음을 비판하고 있는 것이다.

5. 『크리티아스』의 재조명 : 아테네 제국주의와 현대

그런데 플라톤이 『크리티아스』를 통해 비판하고자 하는 대상은 과연 페르시아뿐이었을까? 그리고 과연 플라톤은 페르시아를 물리쳤던 당시의 아테네를 생애 말년까지도 진정을 다해 찬양하고 있었을까? 사실 『크리티아스』가 쓰인 기원전 360년경의 아테네는 이미 선조들이 물려준 자랑스러운 모습도 아니었고 강대국 페르시아를 물리쳤던 위대한 조국도 아니었다. 잘 알려져 있다시피 아테네는 페르시아를 물리치는 데 결정적인 역할을 한 후, 도시국가들 사이에서 주도권을 행사하며 급속하게 패권 국가로 나서기 시작하였다. 아테네가 더욱 제국화되면서 서로 조화와 공존을 유지하던 전통적인 그리스 도시국가들 간의 우호와 평등은 서서히 붕괴되었고, 끊임없는 정쟁으로 내정 또한 무질서와 혼란에 빠졌으며, 스파르타와 치른 지루한 펠로폰네소스전쟁에서 패퇴하자 급기야 급격한 몰락의 길을 걷기 시작했다. 패권 국가 아테네를 떠받치고 있던 민주정 또한 대중에 영합하고 공공성이 결여된 귀족들의 무분별한 권력 다툼을 심화시키며 아테네를 끊임없는 정변과 정치적 불안 속으로 빠트리는 온상이 되었다. 그리고 당시의 지식인을 대표하던 소피스트들은 시대적 혼란을 틈타 소수 귀족들의 정치적 야욕을 뒷받침할 수 있는 기술 개발과 전수에 많은 노력과 정열을 기울였고, 그 교육의 핵심 또한 냉철하고 진지한 반성을 통한 객관적 진리의 발견이 아니라 정치적 선동에 효과적인 연설 기술과 임기응변으로 상대를 압도하는 수사적 기술이었다. 무엇보다도 심각했던 것은 그들 스스로 그러한 것들을 지혜와 덕이라고 부르면서 돈 많은 귀족들에게 고액의 보수를 받고 일종의 상품으로 판매하였다는 사실이다. 물론 오늘날에는 소피스트들이 당시의 세계사적 변화를 냉철하게 인식하고 다가올 시대정신에 선구적으로 부응한 진취적인 지식인 집단이었다고 재평가하는 움직임도 있다. 그러나 그들에게 삶의 목적은 분명 힘을 통한 지배와 지배를 통한 이익의 획득, 그리고 명분과 상관없는 이기적이고 현실적인 행복에 있었던 것이고, 이것은 당시 정치적 · 사회적인 맥락에서 일종의 침략주의 내지 군사 패권주의, 즉 아테네 제국의 근본 이데올로기로 작동하고 있었다. 그리하여 일찍이 페리클레스의 등장 이래 점증된 아테네의 제국화 경향은 비록 아테네에는 일시적인 영화와 번영을 가져다주었지만, 그리스 전체 도시국가들 사이에 유지되었던 문화적 연대와 조화, 정치적 공존을 깨뜨렸을 뿐만 아니라, 전통적인 그리스 정신을 전면적으로 부정하는 것이었고, 급기야는 그리스 사회 전체를 붕괴로 이끄는 계기로 작용했다. 기원전 5세기 고전기 아테네의 번성이 그리스 사회를 새로운 도약이 아니라 오히려 몰락으로 이끄는 전주곡이 되었다는 것은 실로 역사적 아이러니라 할 수 있을 것이다.

플라톤은 쓰러져 가는 아테네와 그리스 사회를 누구보다도 심각한 눈으로 목도하였을 것이다. 특히 그러한 과정에서 겪은 소크라테스의 죽음은 그로 하여금 온몸과 온 마음을 다해 전통적인 그리스 정신의 복원과 재정립에 힘을 쏟도록 만들었을 것이다. 그리하여 그는 주지하다시피 스승 소크라테스의 입을 통해 굴절되어 가는 아테네의 모습을 바로 잡으려는 거인적인 노력을 평생토록 경주하였다. 특히 『국가』 등을 통해 새로운 정치적 대안을 제기한 이후 인생 후반기에 이르러서는 우주 생성론에서부터 세부 법률 규정에 이르기까지 그것을 뒷받침하기 위한 이론적 작업에 총력을 기울였고, 그 이론들을 현실적으로 구현하기 위해 아카데메이아에서 정치가 양성을 위한 교육 프로그램을 운

영한 것을 비롯, 쉬라쿠사이에 가서는 직접 현실 정치에 참여하기도 했다. 이런 점에서 『티마이오스』, 『크리티아스』, 『헤르모크라테스』로 이어지는 3부작 시리즈는 『국가』를 우주론적으로 뒷받침하고, 역사적 논거를 제시하며, 현실적인 세부안을 수립한다는, 이론과 실천을 총체적으로 완성하기 위한 플라톤 말년의 야심 찬 계획에 기초해 있었던 것이 분명하다. 물론 이러한 계획은 중도에 좌절되었지만, 완성된 『티마이오스』가 보여주듯, 미완에 그친 『크리티아스』 역시 훌륭한 국가를 구현하기 위한 플라톤의 목표에 따라 저술된 것이 분명하다. 또, 비록 일부 내용만 남아 있지만 신적 본성을 상실한 지도자들의 타락과 그에 대한 제우스의 분노가 담긴 부분은 전통적 아테네에 대한 찬양 부분과 더불어 제국화된 아테네에 대한 플라톤의 통렬한 비판 내지, 오만과 탐욕에 빠진 사회적 강자에 대한 경고를 극명하게 드러내주고 있다. 특히 타락하기 이전의 아틀란티스 제국 통치자들의 덕성과 정치체제에 대한 묘사는 플라톤 자신이 『국가』에서 열렬하게 제시하고자 했던 통치자의 덕성과 이상 국가의 모습을 그대로 재현하고 있다는 점에서도, 『크리티아스』에서 플라톤이 그리고 있는 아틀란티스의 융성과 몰락은, 한편으로는 전통적 그리스 정신에 충실했던 아테네의 융성과 현재의 아테네의 몰락을 함축적으로 보여 주고 있는 것이라 하겠다. 또, 아틀란티스를 건국한 주요한 신을 이방신이 아닌 바다의 신 포세이돈으로 그리고 있다는 점을 볼 때, 어쩌면 아틀란티스는 원수의 나라라기보다 해군력을 기반으로 강대해지고 급기야 오만에 빠져 타락해 가는 조국, 즉 '페리클레스의 아테네'를 상징하는 것인지도 모른다.

나아가 『크리티아스』의 마지막 부분을 둘러싼 여러 가지 해석들은 고대 아테네의 번영과 몰락뿐 아니라 오늘날 우리들이 처한 정치적 정황과 관련해서도 많은 것을 시사한다. 물론 고대와 현대의 사회경제적 차이와 문화적 차이를 무시한 채 단순히 비교·평가하는 것은 무리일 수 있다. 그러나 근세 자본주의 성립 이후 개인주의적 자유주의의 등장과 발흥은 고전기 그리스 말기의 상황을 연상하게 하고, 냉전 승리 이후 자본주의 강대국으로서의 지위를 확고히 하고 있는 미국은 페르시아 전쟁 이후의 아테네 제국을 연상시킨다. 그리고 포스트모더니즘의 기치 아래 전통적 권위와 도덕적 가치의 해체 및 개인의 욕망과 자유를 부르짖으며 내적으로는 미국적 자유주의와 냉소주의에 기생하는 오늘날의 지식인 또한 아테네의 소피스트들을 연상시킨다. 사람들은 무한 경쟁의 시대니 국가 경쟁력의 시대니 외쳐 대면서 모두들 힘과 효율을 숭상하고 물질적 부를 높이 평가하며 그 부의 획득을 모든 행위의 목표이자 행복의 조건으로 받아들인다. 그 힘을 달성하기 위해서는 기술이 필요하며 그 기술의 효율성은 타인을 배려하는 도덕적 가치를 갖추지 않을수록 더욱 증대

된다. 요컨대 폭력의 속성을 가지고 있는 것이다. 그리하여 절대 권력가일수록 비난은커녕 부러움과 존경의 대상이 된다는 소피스트들의 주장처럼 오늘날의 패권 국가 미국 또한 부러움과 존경의 대상이 되고 있다.

기원전 5세기 플라톤이 『국가』에서 심혈을 기울여 절대 권력을 압도하는 새로운 사회상을 제시했음에도 부정의한 나라들은 오늘날까지 엄존하고 있다. 플라톤이 트라쉬마코스와의 논변을 통해 깨달은 것처럼 불의 또는 악은 말로 논파되었다고 해서 물러서는 것이 아니다. 마르크스가 철학의 요체란 해석에 있는 것이 아니라 변혁에 있다고 말했던 것도 그런 이유 때문이었을 것이다. 철학이 이론을 넘어 실천을 통한 변혁을 강조하는 이유도 그곳에 있을 것이다. 역사를 되돌아보면 그래야 할 근거 또한 없지 않다. 어쨌거나 기원전 5세기 고전기 아테네 제국은 그 끝이 보이지 않을 만큼 번영하며 그리스 최고의 전성기를 구가하였지만, 그 번영은 역설적이게도 그리스의 고유한 정신적 토대를 침해하여 그리스 사회의 급속한 몰락을 자초하고 말았다. 그것은 플라톤의 경고에 귀 기울이지 않은 대가가 아니었을까. 오늘날 페리클레스의 후예로 되살아났다고 자부하는 미국이라는 금융 자본주의 군사 제국도 한번 되돌아볼 만한 일이 아닐 수 없다.

6. 아틀란티스 개관

우리는 『크리티아스』가 훌륭한 국가의 구현을 뒷받침하기 위한 플라톤의 3부작 중 하나라는 전제 아래 실제 존재하는 내용은 물론 그 뒤에 이어질 부분까지 추정해 『크리티아스』가 지닌 본래의 의미를 추적해 보았다. 그러나 『크리티아스』의 원래 목표가 무엇이었든지 간에 그 중심 내용은 고대 아테네의 전쟁 상대국이었던 아틀란티스 제국에 관한 것이다. 그리고 앞에서도 언급한 것처럼 『크리티아스』에 대한 관심의 밑바닥에는 『크리티아스』에 묘사된 아틀란티스섬에 대한 신비감이 크게 자리하고 있다. 그러므로 여기에서는 앞에서 생략하고 넘어간 사라진 아틀란티스섬에 관한 이야기를 살펴보자. 그런데 앞에서도 언급한 것처럼 아틀란티스에 대한 이야기는 이미 『티마이오스』(20d-26d)에서도 일부 소개하고 있다. 그러므로 우선 『티마이오스』부터 살펴보기로 하자.

가. 『티마이오스』의 아틀란티스

『티마이오스』에서의 대화가 이루어지기 150년 전, 아테네의 정치가 중에 솔론(Solōn)이라는 인물이 있었다. 그는 아테네의 법률을 개혁하려 했으나 반발을 사 이집트로 망명했다. 얼마 후 아테네로 돌아온 솔론은 망명 시절 이집트에서 들은 이야기를 친족인 드로피데스(Drōpidēs)에게 들려주었다. 드로피데스라는 인물은 크리티아스의 증조부로서 드로피데스가 그의 아들에게 들려주고 그가 다시 크리티아스에게 전해 준 이야기가 바로 『크리티아스』의 주된 내용이다. 솔론은 당시 이 이야기를 서사시로 만들고자 했지만, 정쟁에 쫓겨 끝내 완성할 수 없었다고 한다.

『티마이오스』에 따르면 솔론은 사이티코스(Saitikos) 지역의 사이스(Sais)라는 나라에 체재했는데, 그곳에서 그는 그 나라의 수호신인 네이트(Nēith)의 신관들과 고대 역사에 대해 이야기했다. 그들은 자신들의 여신을 지혜와 군사의 여신인 아테나와 동일시하고 있었을뿐더러 아테네 사람들이 자신들의 친족이라고 생각했다. 그래서 솔론은 데우칼리온(Deukaliōn)과 그의 아내 퓌라(Pyrra) 및 대홍수에 관한 이야기 등 그리스에서 전해지고 있는 아주 오래된 설화들을 신관들에게 들려주었는데, 이에 가장 나이가 많은 신관이 그리스인들은 모두 마음이 어리다고 웃으며 그 말의 유치함을 지적한다. 먼 옛날 그리스에서 일어났던 여러 차례의 대홍수에서 산악과 고지대에 사는 문맹자들과 교양 없는 사람들만 살아남아 그들이 기록을 남길 수 없었던 탓에, 그리스인들 모두는 오랜 전설에 기초한 소신도, 연륜을 쌓아야만 얻을 수 있는 학식도 전혀 지니고 있지 못하다는 것이었다. 그러나 이집트는 그러한 재앙을 면했으므로, 아주 오래 전부터 무슨 훌륭한 일이나 큰일이 일어났을 경우 그것을 기록하여 사원에서 보존하고 있다는 말도 덧붙인다. 그중 하나가 아테네 지역에 살았던 아주 훌륭했던 옛 선조들에 관한 이야기이다. 그 요지는 이러하다.

아테나 여신은 당시로부터 9000년 전(즉, 기원전 9600년경) 아테네를 세웠으며 이집트가 세워진 것은 그로부터 1000년 뒤의 일이다. 이 나라는 사람마다 각 직능에 종사하도록 법으로 정해져 있고 모든 학문을 비롯한 모든 규정과 제도가 확립되어 있었다. 전쟁을 좋아하고 지혜를 사랑하는 아테나 여신은 자기를 닮은 사람들을 낳아 그 땅에 정착시켰다. 그런데 당시 헤라클레스의 기둥(지브롤터 해협) 바깥쪽 바다에는 강력한 힘을 가진 아틀란티스가 있었다. 이 나라는 리비아나 아시아보다 더 컸다. 항해자들은 이 섬을 통해 다른 섬들에 접근할 수도 있었고 그 섬을 경유해 진짜 바다(pelagos ontōs)를 둘러싸고 있는 그 섬의 서쪽 맞은편 진짜 대륙(ēpeiros alēthōs)에도 갈 수 있었다.[2] 아틀란티스인들은 그 섬 전체뿐만 아니라 다른 많은 섬들과 그 맞은편 대륙의 일부도 지배하고 있었지만, 그것으로도 부족해 해협 안쪽의 모든 지중해 지방을 예속시키려 하였다. 그리하여 그들은 리비아와 튀레니아까지 손을 뻗었으나 결국 용감한 아테네인들에게 패하고 말았다. 아테네인들은 동맹국들이 꽁무니를 빼 혼자가 된 상황에서도 전혀 굴하지 않고 침략자들을 제압했다. 그러

---

2 〈그림 1〉, 〈그림 2〉 참고. '진짜 바다'란 그보다 크기가 작은 지중해와 비교하기 위해 사용된 표현이고 '진짜 대륙'이란 유럽 및 아시아와 비교하기 위해 사용된 표현인 것으로 보인다.

나 엄청난 지진과 홍수가 몇 차례 일어나 아테네의 모든 전사들이 땅밑으로 묻혀 버렸고 아틀란티스 역시 대서양 바닥에 가라앉아 흔적을 찾아볼 수 없게 되었다. 그 후 해협의 서쪽바다는, 얕게 가라앉아 수면 밑 깊지 않은 곳에서 뻘이 되어 버린 아틀란티스섬 때문에 항해가 아주 어려운 곳이 되었다.

크리티아스는 이 이야기를 마치며 고대 아테네와 아틀란티스에 대한 이러한 이야기가 소크라테스가 원하는 논제에 딱 들어맞는다고 생각해 소크라테스의 부탁에 선뜻 응했으며, 이제 그 본격적인 이야기를 들려줄 준비가 되었다고 말한다. 이에 소크라테스는 그것이 지어낸 이야기가 아니라 진짜임이 분명하다고 치켜세우며 기대를 나타낸다. 그러자 크리티아스는 순서상 우선 티마이오스가 이야기하는 것이 좋겠다고 제안하고 이에 티마이오스의 이야기가 시작된다.

나. 아틀란티스의 전모

아틀란티스에 대한 크리티아스의 이야기는 티마이오스의 이야기가 끝난 후 『크리티아스』에서 본격적으로 다시 시작된다. 크리티아스는 먼저 9000년 전 아틀란티스의 침략을 물리쳤던 아테네의 위대한 행적을 소개한 후 아틀란티스에 대해 이야기한다. 크리티아스에 의하면 아틀란티스는 신들이 모든 대지를 각자의 몫으로 나눌 당시 바다의 신 포세이돈에게 할당된 땅이다. 그때 아틀란티스에는 대지에서 태어난 에우에노아와 레우킵페 부부, 그리고 그들의 외동딸 클레이토가 살고 있었다. 그런데 이 노부부가 죽자 포세이돈은 클레이토에 대한 욕망에 사로잡혀 그와 한 몸을 이루어 살게 되었고, 그 아내와 자식들을 보호하기 위해 모든 평야 중 가장 아름답고 기름진 곳을 택해 그의 거처와 영지를 건설하기 시작하는데, 그렇게 세워진 것이 곧 아틀란티스 제국이었다. 『티마이오스』에서 소개된 아틀란티스의 위치에 더해 『크리티아스』에 나타난 아틀란티스 제국의 전모를 개략적으로 살펴보면 다음과 같다.

(1) 아틀란티스의 평야[3]

이 평야는 섬의 남쪽 해안가에서 섬 중앙에 걸쳐 있고 섬의 모든 평야들 중 가장 아름답고 기름진 곳이다. 그 평야를 둘러싸고 있는 북쪽과 동서쪽 좌우는 산악 지대로서 목축을 하고 목재를 생산하는 곳으로 북풍을 막아 주는 역할을 한다. 이 평야는 전체적으로 직사각형 모습을 하고 있는데 동서 방향 한 변이 3000스타디온(약 532.8km), 남북 방향 한 변이 2000스타디온(약 355.2km)으로, 총 둘레만 1만 스타디온(1776km)에 이를 만큼 아주 광대하다. 그리고 이 평야는 그 변을 따라 폭 1스타디

3 〈그림 3〉 참고.

온(177.6m), 깊이 1플레트론(29.6m)의 운하로 둘러싸여 있다. 이 평야는 다시 가로세로 각각 100스타디온(약 17.76km)간격으로 나뉘어 있고, 그 경계들을 따라 최대 100푸스(29.6m)가량의 폭으로 종단 및 횡단 수로가 파여 있다. 요컨대 이 평야에는 평야 전체를 둘러싸고 있는 운하를 제외하고 평야의 남북을 가르는 29개의 종단 수로와 평야의 동서를 가르는 19개의 횡단 수로가 파여 있는 셈이다. 이로 미루어 이 평야는 가로와 세로가 100스타디온의 정사각형 모양을 한 600개의 지역으로 이루어져 있고, 그 경계는 모두 수로로 이루어져 있으며, 그 수로를 통해 농업용수도 공급받고 여러 가지 물건도 운반하였을 것으로 추정된다. 그리고 119a에 언급되어 있듯이 이 평야 전체가 6만 개의 구역으로 구분되어 있었다고 한다면 수로로 둘러싸인 600개 지역은 다시 또 각각 100개 구역으로 분할되었을 것이며 촌락별로 그 지역들을 배당받아 관리했던 것으로 보인다. 119b에 따르면 이렇게 분할된 구역들에는 정해진 기준에 따라 중앙으로 공출되는 병기와 병력의 수가 할당되었다.

(2) 아틀란티스 도시부[4]

내용을 종합해 보면, 평야의 남쪽 바깥 면 중앙에 해안과 면해

---

4 〈그림 4〉 참고.

서 자리하고 있는 아틀란티스 도시부(polis)는 전체적으로 직경 127스타디온(27.5km)의 원형 외곽 성벽으로 둘러싸여 있고 그 정중앙에는 직경 5스타디온(888m)의 중앙 섬이 자리 잡고 있다. 궁전이 위치한 이 중앙 섬은 폭 1스타디온(177.6m)의 고리형 해수 띠로 둘러싸여 있고 이 해수 띠 바깥쪽은 폭 2스타디온의 육지 띠와 해수 띠, 폭 3스타디온의 육지 띠와 해수 띠가 번갈아 가며 동심원 모양으로 둘러쳐져 있다. 그리고 이 제일 바깥쪽 해수 띠에서 바다까지는 50스타디온(8.88km) 떨어져 있으며 그 해수 띠에서 외곽 원형 벽까지는 모든 방향에서 똑같이 50스타디온 떨어져 있다. 이 원형 벽은 도시부 북단을 기점으로 좌우 양쪽 방향으로 도시 전체를 둥글게 싸고돌아 외해 쪽 종단 수로가 끝나는 곳이자 외해로 나가는 출구가 되는 곳에서 하나로 만난다. 그리고 평야 남단 정중앙에서부터 제일 바깥 해수 띠 북단까지, 그리고 그 해수 띠 남단에서 외해에 이르기까지 수직 방향으로 운하가 파여 있었다. 이 운하는 특히 큰 배들이 드나들 수 있도록 3플레트론(약 88.8m)의 넓이와 100푸스(29.6m)의 폭으로 파여 있었는데, 그것은 평야의 수로들에 비해 훨씬 넓고 깊은 것이었다. 이 운하는 도시 중앙부 외곽이자 원형 벽 안쪽 지역, 즉 아틀란티스 일반 주민들의 주거지에도 수로로 연결되어 생활용수를 공급하였을 것으로 보인다. 이 주거지에는 일반 시민들이 사는 집들로 빼곡하였고 수로 주변 곳곳에 위치한 항구는 세계 각

지에서 들어온 선박과 상인들로 가득 차 밤낮으로 늘 시끌벅적
하였다.

(3) 아틀란티스 도시 중앙부[5]

아틀란티스 도시 중앙부(mētropolis)는 중앙 섬과 그것을 둘러
싸고 있는 고리형 육지 띠 및 해수 띠들로 이루어져 있다. 앞에
서 기술한 대로 도시 중앙에 자리 잡은 중앙 섬은 3개의 해수 띠
와 2개의 육지 띠로 둘러싸여 있고 가장 바깥쪽 해수 띠와 그 안
쪽 육지 띠의 폭은 3스타디온(약 532.8m), 두 번째의 해수 띠와
그 안쪽 육지 띠의 폭은 2스타디온, 그리고 중앙 섬을 둘러싼 해
수 띠의 폭은 1스타디온이다. 그리고 가장 바깥쪽 해수 띠로부터
남쪽 방향으로 폭 3플레트론, 깊이 100푸스, 길이 50스타디온의
수로가 외해와 연결되어 있다. 또 각각의 해수 띠와 육지 띠에는
중앙 섬으로 출입을 할 수 있도록 각각 다리들과 터널이 만들어
졌고 석재를 파낸 자리에는 삼단노 군선들의 기지 또는 조선소
역할을 하는 선착장들이 건설되었다. 이 다리들과 터널들이 중
앙 섬에서 외해 쪽 한 방향으로만 건설되었는지 여러 방향으로
건설되었는지는 확실하지 않다. 다리들의 입구와 출구 쪽에는
문이 있었으며, 그 양쪽에 망루를 세웠다. 망루들은 육지 띠 바

---

5 〈그림 5〉 참고.

깥쪽에 둘러쳐 있었던 돌담에 연결되어 있었고 다리 양쪽도 담장이 쳐 있었다. 그리고 그 담들 중 중앙 섬을 둘러싼 외벽은 오레이칼코스로, 그 다음 육지 띠 바깥쪽을 둘러싼 외벽은 주석으로, 그리고 제일 바깥쪽 육지 띠 바깥쪽을 둘러싼 외벽은 구리로 덮여 있었다. 육지 띠를 관통하는 터널은 군선들이 통과할 수 있도록 충분히 파졌고 그 위쪽은 육지 띠가 바퀴처럼 끊어짐 없이 이어질 수 있도록 모두 덮여져 있었다. 그래서 폭이 3스타디온인 바깥쪽 육지 띠 가운데를 따라 폭 1스타디온의 경주로를 만들어 전차 경기장으로 활용하였고, 그 주변에는 궁전 근위병들의 숙소를 세웠다. 근위병들의 숙소는 작은 육지 띠에도 있었는데, 특별히 신뢰할 수 있는 병사들은 궁전을 지키는 근위병으로서 중앙 섬에도 거주할 수 있었다. 중앙 섬 한가운데에는 황금 담장으로 둘러싸인 성역이 자리 잡고 있었고, 그 안에는 가로 3플레트론(약 88.8m), 세로 1스타디온(약 177.6m) 크기의 포세이돈 신전이 세워졌으며, 그 앞은 장대한 제단과 함께 국가의 신성한 법이 새겨진 오레이칼코스 비석이 안치되어 있었다. 그리고 왕들이 거하는 곳은 황금으로 된 울타리로 둘러싸인 성역과 중앙 섬을 둘러싸고 있었던 오레이칼코스 외벽 중간 지역에 자리 잡고 있었다.

이 중앙 섬에는 온천과 냉천이 있고 그 주위에는 숲이 조성되었으며 왕실용, 일반용, 부인용, 가축용 등 여러 설비를 구비한

욕장 및 기타 용도의 건물들이 세워져 있었다. 그래서 이들 샘에서 흘러나온 물은 포세이돈의 성스런 숲에 보내졌고, 다리를 따라 설계된 수도를 통해서 바깥 육지 띠에도 보내졌다.

(4) 정치체제 및 생활상

포세이돈은 클레이토와의 사이에 다섯 쌍둥이, 즉 10명의 아들을 낳았다. 그들은 성장하여 이 나라와 주위의 섬들을 지배하고, 하나의 큰 동맹 왕국을 만들었다. 첫 번째 쌍둥이이자 먼저 태어나 가장 나이가 많은 아틀라스('아틀란티스'라는 이름은 여기에서 왔다)는 모든 왕들 중 최고의 지위를 갖는 지배자였다. 섬 전체는 평야에서 산악 지역에 이르기까지 식물과 광물 등이 풍부하였고, 코끼리 같은 동물은 물론 곡물도 풍성하게 자라 이윽고 아틀란티스는 부유하고도 강대한 나라가 되었다. 특히 기름진 평야 지역은 6만 개 구역으로 나뉘어 각 구역마다 지도자가 한 명씩 임명되었으며, 시민들은 곡물과 병기를 나라를 위해 바치고 병사로도 차출되었다. 동맹을 맺은 각 왕들은 5년과 6년 간격으로 번갈아 가며 국사를 협의하기 위해 포세이돈의 성역에 모였다. 그곳에서 그들은 황소를 희생물로 바치는 다양한 제사의식을 거행한 후 향연을 열었고, 그 후, 암청색 예복을 몸에 걸치고 불을 끈 다음 둥글게 모여 앉아 밤새 재판을 하였다. 이튿날 아침, 이 재판으로 결정한 판결은 후세의 사람들이 기억할 수 있도록 황금 판에 기록되었다.

오랜 세월 동안 아틀란티스인들은 아테네인들과 같이 덕성 있게 살고 있었다. 그러나 포세이돈으로부터 받은 그 신적인 부분이 점차 없어져 감에 따라 그들은 점점 타락해 갔다. 신들의 왕인 제우스는 그들의 파렴치함, 권력과 재물에 대한 야망과 탐욕을 보고서 장래를 위해 벌을 내리기로 결심하고는 우주의 중심에 있는 자신의 궁전에 신들을 소집한다. 여기서『크리티아스』는 중단된다.

참고문헌

일차 문헌(원전 · 번역서 · 주석서)

1. 원전(기준 판본)

Platon, Kritias in J. Burnet(ed.), *Platonis Opera*, vol. IV, Oxford
Classical Texts, Oxford: Clarendon Press, 1972(1st ed. 1902).

2. 원전과 번역

Bury, R. G.(tr.), Critias in Plato : *Timaeus, Critias, Cleitophon,
Menexenus, Epistles*, Loeb Classical Library, Cambridge, MA:
Harvard University Press, 1961(1.st ed. 1925).

Platon, *Timée, Critias*, texte établi et traduit par A. Rivaud, Paris, 1925.

3. 번역과 주석

Apelt, O.(tr.), *Timaios, Kritias, Sophistes, Politikos, Briefe, in Platon
Sämtliche Dialoge Band VI*. Felix Meiner Verlag, 1988.

Clay, D.(tr.), *Critias in Plato : Complete Works*, Cooper, J. M. (ed.),
Indianapolis/Cambridge: Hackett Publishing Co., 1997.

Lee, D.(tr.), *Plato : Timaeus and Critias translated with an introduction and an appendix on Atlantis*, Penguin Classics, 1971.

Cambry, E.(tr.), *Platon : Sophiste, Politique, Philèbe, Timée, Critias*, Flammarion, 1993.

Schleiermacher F. & Müller H.(tr.), *Politikos, Philebos, Timaios, Kritias in Platon Sämtliche Werke V*, Rowohlts Klassiker der Literatur und der Wissenschaft, 1969(1st ed. 1959).

Taylor, A. E.(tr.), *Plato : Timaeus and Critias* translated into English with introductions and notes on the text, Methuen & Co. Ltd. London, 1929.

Taylor, Thomas(tr.), *The Timaeus and Critias of Plato*, Kessinger Publishing, 2003.

박종현, 김영균 역주, 『티마이오스』, 서광사, 2000.

이차 문헌(단행본, 논문)

1. 단행본

Interpreting the Timaeus-Critias: Proceedings of the IV Symposium Platonicum : selected papers (International Plato studies) Academia Verlag; l. Aufl edition, 1997.

Chalcidius, *Platonis Timaeus interprete Chalcidio cum eiusdem commentario*, ed. J. Wrobel, Leipzig, 1876.

Cornford, F., *Plato's Cosmology*, London, 1937.

Friedländer, P., *Plato*, Princeton, 1969(1st German edition, Berlin, 1928).

Guthrie, W. K. C., *A History of Greek Philosophy*, Cambridge, 1962-1969.

Iannucci, A. *La parola e l'azione : I frammenti simposiali di Crizia*, Bologna : Ed, Nautilus, 2002.

Johansen, T. K., *Plato's Natural Philosophy: A Study of the Timaeus-Critias*, Cambridge University Press , 2004.

Kranz, W. *Studien zur antiken Literatur und ihrem Fortwirken*, Heidelberg : Winter. 1967.

Levinson, R. B., *In Defense of Plato*, Cambridge(Mass.), 1953.

Martin, T. H., *Études sur le Timée de Platon*, Paris, 1841.

Mattéi, J., *Platon et le miroir du mythe. De l'âge d'or à l'Atlantide*, Paris : Presses Univ. de France, 1996.

Proclus, D., *The Commentaries of Proclus on the Timaeus of Plato*, trans. Thomas Taylor, London, 1820.

Shorey, P., *What Plato Said*, Chicago, 1934.

Taylor, A., *A Commentary on Plato's Timaeus*, Oxford, 1928.

Thesleff, H. *Studies in Platonic chronology*, Helsinki : Societas Scientiarum Fennica., 1982.

Welliver W., *Character, Plot and Thought in Plato's Timaeus-Critias*, Leiden, E. J. Brill, 1977.

Wilamowitz-Möllendorff, U. v., *Platon*, Berlin, 1962(1st ed. 1919).

2. 논문

Bichler, R., "Athen besiegt Atlantis. Eine Studie über den Ursprung der Staatsutopie", *Conceptus* 20 : 1986, pp. 71- 88.

David, E. "The problem of representing Plato's ideal state in action", *Rivista di filologia e di Istruzione Classica* 112 : 1984, pp. 33-53.

Eberz, J. "Die Bestimmung der von Platon entworfenen Trilogie Timaios, Kritias, Hermokrates", *Philologus* 69 : 1910, pp. 40-50.

Gill, C. "Plato and politics. The Critias and the Politicus", *Phronesis* 24, 1979, pp.148-167.

Hackforth, R., " The Story of Atlantis, Its Purpose and Moral", *Classical Review* 58, 1944, pp.7- 9.

Herter, H. "Altes und Neues zu Platons Kritias", *Rheinisches Museum für Philologie* 92, 1944, pp. 236–265.

Labarbe, J. "Quel Critias dans le Timée et le Critias de Platon?", *Sacris Eruditi* 31, 1989/90, pp. 239–255.

Morgan, K. A., "Designer history: Plato's Atlantis and fourth-century ideology", *Journal of Hellenic Studies* 118, 1998, pp. 101–118.

Philip, J. A., "The Platonic Corpus", *Phoenix* 24, 1970, pp. 296–308.

Rosenmeyer, T. G., "The Family of Critias", *AJP* 70, 1949, pp. 404–410.

Rosenmeyer, T. G., "Plato's Atlantis Myth: Timaeus or Critias?", *Phoenix* 10, 1956, pp. 163–172.

3. 고전학 사전

Hornblower, S. & A. Spawforth (eds.), *The Oxford Classical Dictionary: The Ultimate Reference Work on the Classical World [= OCD]*, 3rd ed., Oxford: Oxford University Press, 1996.

* 아틀란티스 관련 연구 단행본 및 논문

Ashe, G., *Atlantis : Lost Lands, Ancient Wisdom*, Thames Hudson, London, 1992.

Bobcock. W. H., *Legendary Islands of the Atlantic : A Study in Medieval Geography*, American Geographical Society, New York, 1922.

Berlitz, C., *Atlantis—The Lost Continent Revealed*. Macmillan, London and Basingstocke, Hants., 1984.

Braghline. C. A., *The Shadow of Atlantis*, Adventures Unlimited Press, Kempton, III., 1977(1st ed. 1940).

Bramwell, J ., *Lost Atlantis*, London, 1937.

Camp. L. S. de, *Lost Continents : The Atlantis Themes in History, Science, and Literature*, Dover Publications, New York, 1970(1st ed. 1954).

Collins. A., *Gateway to Atlantis*, Carroll & Graf Publishers, 2000(『아틀란 티스로 가는 길』, 한은경 역, 김영사, 2006).

Donnelly, I. A., *Atlantis : The Antediluvian World*, Harper, New York, London 1902(1st ed. 1882).

Forsyth, Phyllis Young, *Atlantis : The Making of Myth*, McGill-Queen's University Press, Montreal, Croom Helm, London, 1980.

Galanopoulos, A. G., and E. Bacon, *Atlantis : The truth behind the legend*, Nelson, London, 1969.

Griffiths, J. Gwyn, "Atlantis and Egypt", in Griffiths, *Atlantis and Egypt with other Selected Essays*, pp. 3-30.

Hosea, L.M., "Atlantis : A Statement of the 'Atlantic' Theory Respecting Aboriginal Civilisation", *The Cincinnati Quarterly Jounral of Science*, Vol. II, no. 3, July 1875, pp. 193-211.

James, Peter, *The Sunken Kingdom : The Atlantis Mystery Solved*, 1995, Pimlico, London, 1996.

Leonard, R. Cedric, *Quest for Atlantis*, Manor Books, New York, 1979.

Luce, J. V., *The End of Atlantis : New Light on an Old Legend*, 1969, Thames and Hudson/Book Club Associates, 1973.

Muck, Otto, *The Secret of Atlantis*, 1976, Collins, London, 1978.

Ramage, Edwin, S., *Atlantis : Fact of Fiction?*, Indiana University Press, Bloomington, Ind., London, 1978.

Stacy-Judd, Robert B., *Atlantis—Mother of Empires*, 1939, De Vorss & Co., Santa Monica, Calif., 1973.

찾아보기

일반용어

한국어-그리스어

대지 gē 107c, 113d, 115b

대홍수 kataklysimos 111a

덕 aretē 109c, 120e, 121a

도시 polis 110a, 114d, 117e, 118a,
    d, e, 119c, 120e

도시 중심부 asty 111e

도시 중앙부 metropolis 115c

돌고래 delphis 116e

동산 gēlophos 113d

땅 gē 109b, 111c, d, 113b

마을 kōmē 118b, 119a

말 hippos 116e, 117c, 119a, b

말몰이병 ēniochos 119b

망루 pyrgos 116a

목재 hylē 118b, e

몫 lēxis 113b, 114a

무지 agnoia 107b

문 pylē 116a

물줄기 nama 111d, 118e / reuma
    112d, 118d

바다 thalatta 110e, 111b, d, 113c,
    115d, e, 116a, 117e, 118a, d

바닥 edaphos 116d

밧줄 brachos 119e

배 ploion, naus 113e, 115d, 117e,
    118e

배수로 ochetos 117b

벌(罰) dikē 106b

벌(蜂) melitta 111c

법(법률) nomos 119c, e, 120a, c, e,
    121b

뼈 hosteon 111b

벽(외벽, 담) toichos, teichos 116b,
    d, 117e

병력의 수 plēthos 118e

본성 physis 121a

부대 stratopedon 110e

북쪽 prosborros 112b / kataborros
    118b

불 pyr 120a, b, c

비 hydōr 111d, 112a

비문(비석 글씨) gramma 119c, e,
    120a

비석 stēlē 119c, e, 120a

비옥(하다) aretē 110e, 117b / pieira
    111b, c

산 oros 107c, 111c, 115a, 118b, e,
    119a

삼단노 군선 triērēs 115e, 117d

상아 elephantinos 116d

상인 emporos 117e

샘(샘물) krēnē 111d, 112c, 113e,
    117a / pēgē 111d, 113e

서원(誓願) horkos 119e

선박계류장 neōrion 115c, 116b

선착장 neōsoikos 116b

수공업 dēmiourgia 110c
수로 diōryx 118d
수호자 phylax 110d, 112d
숲 hylē 107c, 111c, 116e / alsos
    117b
승전탑 tropaion 108c
신관 hiereus 108d, 110b
신상 agalma 110b, 116d, e
신전 hieron 111d, 112b, 113c,
    115c, 116c, d, 117a, c, 119d,
    120b, c
싸움 eris 109b
쌍둥이 dydymos 113e

암청색 예복 kyanē stolē 120b, c
야생동물 agrios 114e, 118b
약 pharmakon 106b
양해 syngnōmē 106a, c, 107a, e,
    108a, b, 109c, 112e
여가 scholē 110a
여름 theros 112c, d, 118e
영역 topos 109b
영지 lēxis 116c / meros 113e, 119c
영토 chōra 109b
영혼 psychē 109c, 112e
옛것에 대한 탐구 anazetētēsis 110a
옛날이야기 mythologia 110a
오레이칼코스 oreichalkos 114e,
    116c, d, 119d

왕 basileus 114a, d, 116e, 117b, d,
    118c, 119c, 120c
왕가 basilikon genos 120c
왕위 basileia 114d
우주의 한가운데 meson tou
    kosmou 121c
운하 diōryx 115d, 117e, 118d, e
육지 띠 trochos gēs 113d, 115d, e,
    116a, 117c
은 argyros 112c, 116d
이방인 barbaros 109a, 113a
저수시설 dexamenē 117b
저주 ara 119e
전쟁 polemos 108e, 110b, 118e,
    119a
전차 harma 116d, 119a
전차 경주장 hippodromos 117c
전차병 epibatēs 119b
점토 keramis 111d
정원 kēpos 112b, c, 117c
정치체제 politeia 109a
제물 thysia, thyma 113c, 119e,
    120b
조상 progonos 115c
주석 kattiteros 116b
중무장 보병 hopelitēs 119b
지도자 hēgemōn 112d, 119a
지방 topos 111b, 114e
지배자 dynastēs 109d

그리스어–한국어

kēpos 정원

keramis 점토

kiōn 기둥

klēros 구역

koinē politeia 공동생활과 직무

kratēr 크라테르 / 혼합 용기

limēn 항구

limnē 호수

lithobolos 투석병

machimon 군인 계층

melitta 벌(蜂)

mythologia 옛날이야기

nama 물줄기

neōrion 선박계류장

neōsoikos 선착장

nomos 법 / 법률 / 습관

notos 남쪽

ochetos 배수로

orophē 천장

oros 산

paideusis 교육

pedion 평야

pelagos 대양 / 큰 바다

pēlos 진흙

pharmakon 약

phialē 잔

phylax 수호자

physis 본성

plethron 플레트론(1플레트론=29.6m)

ploion 배

polemistēria 군비

polemos 전쟁

polis 나라 / 도시

politeia 정치체제

potamos 강

progonos 조상

prosborros 북쪽

pyr 불

pyrgos 망루

scholē 여가

seismos 지진

stēlē 비석

stratopedon 부대

syngnōmē 양해

syssitia 공동식당

taphros 해자

tauros 황소

thalatta 바다

theros 여름

topos 곳 / 장소 / 지역 / 거점

toxotēs 궁수

triērēs 삼단노 군선

trochos 고리형 띠

고유명사

가데이로스 Gadeiros 114b

옮긴이의 말

전집 1차분 출간을 앞둔 요즈음 은사이신 고(故) 박홍규 선생님께서 생전에 하시던 말씀이 생각난다. "플라톤 대화편의 번역은 제자 세대에 맡기고 자네들은 교육에만 힘쓰게. 일본은 그리스철학이 전해진 후 플라톤 전집이 나오기까지 150년 걸렸어." 이 말씀 때문이었는지, 이번 전집 출간에서도 선생님의 제자들은 주로 총괄 편찬·기획 및 역자 선임과 관련한 편찬위원직을 맡았고, 각 대화편의 역자는 대부분 그 제자들의 제자들로 구성되었다. 다만 나는 후배 연구자들을 뒷바라지한다는 명분으로 일부 소품과 위서들의 번역에 참여하기로 했는데 이것이 내가 『크리티아스』를 번역하게 된 이유이다. 어쨌거나 은사님의 당부를 어긴 격이 되었으니 송구스럽기 그지없다.

플라톤 전집 1차분 원고를 마무리하다 보니 그동안 학당 식구들과 플라톤 텍스트를 놓고 함께 씨름하던 시간들이 주마등같이 지나간다. 특히 여름·겨울 집중 독회 기간 함께 횡성학당에 내려가 하루 10시간씩 열흘여 동안 대화편을 처음부터 끝까지다 읽은 후 느꼈던 감격과 보람은 결코 잊을 수 없다. 중간 분량의 대화편이라도 학교 수업 시간에 그리스어로 한 편을 다 읽어내려면 한 학기를 꼬박 투자해도 모자랄 뿐 아니라, 조각조각 읽을 수밖에 없어 대화편이 담고 있는 고유한 생동감을 느끼기 힘들다. 그러한 까닭에 장차 좋은 번역본이 세상에 나와 독자들이단 며칠 만에 전집을 독파해 낼 수 있게 되길 바라는 것이다.

사실 내가 『크리티아스』를 맡기로 하고 초고를 작성한 후 학당에서 연구원들과 함께 다시 읽은 것은 2003년 여름이다. 그러나 2005년 말 출간 계획이 확정된 후 초고를 붙들고 다시 씨름하고나서야, 원문에 충실하되 최대한 읽기 쉽게 고치고 다듬는 일이얼마나 힘들고 많은 시간을 필요로 하는 일인지 알게 되었다. 좋은 번역을 위해서는 원문에 대한 이해는 물론 상당한 우리말 실력이 필요하다는 것을 새삼 깨달았다. 이런 점에서 최종 원고 교열 단계에서 원문과 번역문을 꼼꼼히 대조하며 다시 살펴 준 김인곤 선생을 비롯한 학당 연구자들은 물론, 우리말 표현을 다듬는 데 많은 도움을 주신 이제이북스 최연희 선생과 방송대 변우희 선생께 각별한 감사의 말씀을 드리지 않을 수 없다. 그리고 『크리티아스』가 묘사하고 있는 아틀란티스섬을 정성껏 그림으로 옮겨 주신 일러스트레이터 이종호 님께도 감사를 드린다. 그러나 역문을 최종적으로 결정하고 그림을 기본적으로 구성한 것은 옮긴이인 만큼, 오류가 있다면 전적으로 옮긴이의 책임이다. 그리고 환상의 섬 아틀란티스에 대한 독자들의 호기심을 감안하여 그에 관한 내용을 비교적 길게 실었는데, 그 또한 다소나마 독자들에게 도움이 되었으면 한다.

이제 오랜 기간의 준비 끝에 전집 발간의 첫걸음을 내딛었지만 앞으로 해야 할 일이 태산 같다. 그러나 인류 지성사의 주옥같은 보물인 플라톤의 대화편이 갖는 인문학적 의의를 생각할 때, 우리의 발걸음은 흔들림 없이 계획대로 지속되어야 하고 해를 거듭할수록 더욱 좋은 결실을 맺어야 할 것이다. 힘든 연구 환경에도 불구하고 묵묵히 고전 연구의 외길을 걸어 온 학당 후배 연구자들이 장차 계획된 전집 완간의 대업을 반드시 성취해 낼 것이라 믿는다. 그들에게 다함 없는 존경과 감사, 그리고 격려를 드리면서 나 또한 그들을 묵묵히 따라갈 것을 다짐한다.

2007년 4월 정암학당에서 이정호

부록

아틀란티스에 관하여

참고자료

아틀란티스에 관하여[1]

1. 아틀란티스 이야기의 기원

앞에서 살펴보았듯이 아틀란티스섬과 그곳에 건설된 도시의 규모는 고대 세계에 존재했다고는 믿어지지 않을 만큼 위용을 자랑한다. 그렇다면 아틀란티스에 관해 플라톤이 전하고 있는 이 이야기는 과연 사실일까? 이 이야기는 도대체 어떤 의도로 쓰인 것이고 어떤 함의를 지니고 있는 것일까? 플라톤은 자신의 철학을 알기 쉽게 전달하기 위해 근거도 없는 이야기를 꾸며 낸 것

1 　이 글은 아틀란티스섬에 관한 독자들의 높은 관심을 고려해 작성된 것이다. 아틀란티스섬에 관한 연구사가 가장 잘 담겨 있다고 평가되는 캠프의 책[de Camp. L. S., *Lost Continents : The Atlantis Themes in History, Science, and Literature*, Dover Publications, New York, 1970(1st ed. 1954)]을 기본 토대로 삼았으며, 그 후 출간된 아틀란티스 관련 연구서들(〈참고 문헌〉참고)을 종합적으로 참고했다.

일까? 그렇지 않다면 소크라테스가 말하는 것처럼 실제 있었던 사실이 이집트의 신관과 솔론을 거쳐 당시 아테네 사람들에게 전해진 것일까? 그것도 아니라면, 이집트나 아테네에서 전해져 내려오던 전설이었을까?

이 이야기는 사실이라기보다 이집트 신관들이 망명객으로 찾아온 솔론을 즐겁게 해 주기 위해 꾸며 낸 이야기에 지나지 않는다고 생각할 수도 있다. 또 어떤 저술가들은 플라톤 자신이 직접 이집트를 방문해 사이스의 파테네이트(Pateneit)를 비롯, 여러 명의 신관들과 이야기를 주고받았다고도 주장한다. 물론 플라톤의 작품을 비롯해 다른 어떤 문헌에서도 사실 여부를 확인할 만한 증거는 발견되지 않는다. 하지만 당시 아테네에는 이집트를 다녀왔는지 그렇지 않은지에 따라 학자로서의 신뢰도를 평가하는 풍조가 있었고 플라톤 역시 실제 여러 지역을 두루 여행했다고 알려져 있으므로, 플라톤이 이집트에서 직접 그러한 이야기를 들었을 가능성도 있다. 이것을 작품으로 구성하며 옛 색채를 더하기 위해 이집트 신관과 솔론의 이야기를 끼워 넣었을 수도 있는 것이다. 또, 어쩌면 솔론이 이 이야기들을 수집하고 플라톤은 그것들을 그대로 기술했을 가능성도 있다. 솔론 역시 플라톤 못지않게 많은 나라를 여행했기 때문이다. 그러나 플라톤 이전 자료들 중에서는 대서양에 존재했다는 가라앉은 섬에 대한 기록이 전혀 존재하지 않으며, 그에 관한 솔론의 언급 또한 전혀 남아 있지 않은 탓에, 그 진위를 가릴 만한 자료는 아무것도 존재하지 않는다.

사실 고대 그리스에 대한 자료들 중 플라톤 이전의 것은 거의 전해져 내려오지 않으며, 극히 적은 수의 일부 단편들이 후대 작품에 인용돼 전해질 뿐이다. 긴 세월이 흐르는 동안 자연스럽게 손실되었을 수도 있고, 초기의 완고한 기독교도였던 교황 그레고리우스(Gregorius) 1세가 그랬던 것처럼 금서로 분류되어 모두 타 버렸을 수도 있다. 오래되면 부서지기 쉬운 파피로스의 특성도 많은 자료가 남아 있지 않은 이유들 중 하나이다. 물론 전승된 일부 단편들을 참고할 수 있지만, 우리가 알고 싶어 하는 내용이 실려 있었을지도 모르는 수많은 책들이 영원히 사라져 버린 것만은 확실하다.

그렇다면, 플라톤의 이야기는 새로 지어졌을지라도 그 골자만큼은 그 이전부터 전해져 내려오던 것이라는 추론도 가능하지 않을까? 실제로 플라톤의 이야기가 쓰이기 이전 시기까지 거슬러 올라가면 그 원형으로 볼 수도 있을 법한 신화가 부분적으로 발견된다. 우선 아틀란티스섬 최초의 왕인 아틀라스는 그리스 신화에 등장해 친숙한 인물이다. 신화에서 그는 티탄족(Titans) 이아페토스(Iapetos, 뱀의 다리를 가진 티탄족의 한 명으로 올림포스의 신들을 공격했다고 전해진다)의 아들이며, 프로메테우스나 에피메테우스(Epimetheus)의 형제이다. 호메로스는 그에 대해 '모든 바다의 깊이를 알고 있는 아틀라스, 하늘과 땅을 떼어 놓은 높은 기둥을 떠받치고 있는 아틀라스여'라고 노래하고 있다. 신화에 따르면 아틀라스는 오케아노스의 딸 중 한 명인 플레이오네(Pleione)와의 사이에서 아틀란티데스라고 하는 일곱 명의 딸을 낳는다. '아틀란티스'라는 말 역시 아틀라스의 딸이라는 의미를 가지고 있다[지금의 대서양(The Atlantic Ocean)과 아틀라스 산맥의 이름은 모두 아틀라스와 관련된 신화로부터 나온 것이다]. 그리고 해신 포세이돈은 아틀라스의 딸 중 한 명인 켈라이노(Kelaino)와의 사이에서 아들 뤼코스(Lykos)를 낳아 이 아들을 서방 어딘가에 있는 '축복의 섬'에 살게 한다. 『크리티아스』의 내용과 비교해 보면, 이 아틀라스는 포세이돈에 해당하지만, 포세이돈이 불사의 신이므로 동시에 아틀라스의 아버지로 불렸을 수도 있을 것이다. 원시 신화라는 것을 문명의 발생과 연계하는 학자도 있지만, 어쨌든 모순으로 가득 차 앞뒤가 따로 없는 것이다.

포세이돈과 클레이토 신화와 비슷한 이야기는 로도스섬에서도 전해지고 있다. 여기서 포세이돈은 포로스섬을 가리켜 해저에서 나타난 섬이라고 말한다. 이 이야기에서 포세이돈은 텔키네스(Telchines)의 여동생인 할리아(Halia)에게 매료되어 그녀와의 사이에 여섯 명의 아들과 한 명의 딸을 두었다고 한다. 클레이토의 이야기는 포세이돈이라는 신과 할리아라는 인간의 비밀스러운 결합이라는 일반적인 신화에 착상한 이야기일 것이다. 포세이돈이 클레이토를 위해 마련했다는 온천이나 냉천 역시 땅 밑을 흐르고 있다고 여겨지던 알페이오스(Alpheios)와 그 밖의 강에 관한 이야기에 기인한 것이라 상상할 수 있다.

플라톤이 아틀란티스와 아테네 사이에 일어난 전쟁이라고 말하는 것 역시, 그 원형이라고 볼 수 있는 사건이 존재한다. 잘 알려져 있는 것처럼 아테네의 소유권을 둘러싸고 여신 아테나와 바다의 신 포세이돈 사이에서 벌어진 싸움이 그것이다. 포세이돈은 삼지창으로 아크로폴리스의 한 지점을 찍어 거기서 얻은 샘을 아테네에게 주지만, 아테나는 올리브 나무를 가져와 승리를 거머쥔다. 이러한 신들의 싸움은 그리스 예술에 자주 인용되는 테마인데, 플라톤은 이 싸움에서 애석하게 아테네를 놓친 포세이돈에게 아틀란티스의 주인 자리를 부여했을지도 모른다.

이것에 덧붙여 헤로도토스 이후 고전기의 저술가들은 북서 아프리카에 사는 야만족에 관해서도 말하고 있는데, 흥미롭게도 그들은 이 야만족을 '아틀란테스', '아탈란테스', '아틀란티오이' 등 모두 아틀라스와 흡사한 이름으로 부르고 있다. 그리고 1세기의 어떤 역사가에 의하면 '아틀란티오이'라는 명칭은 우라노스신의 아이 아틀라스가 자신의 이름을 따 그들에게 붙여 준 데서 기인한다고 한다. 나중에 헤라클레스가 고르곤족과 아프리카 아마존족 양쪽 모두를 정벌했고 아마존의 땅 트리토니스의 호수가 지진으로 사라져 버렸다는 이야기도 함께 덧붙어 있다. 그것뿐만이 아니다. 고전기의 저술가들은 자주 대서양과 그 맞은편에 있는 대륙에 대해서도 전하고 있다. 비록 실제의 지리관에 기초한 것으로 보이지는 않지만, 호메로스가 그리스의 서쪽 바다에 있다는 아이아이아(Aiaia)나 오귀기아(Ogygia) 같은 섬들을 언급하고 있는가 하면, 헤라클레스의 기둥 바깥쪽 대서양에 있는 섬에 말의 다리를 가진 반인반수족, 즉 사튀로스(Satyros) 같은 인간이 살고 있다든가, 옷 대신 몸을 감쌀 수 있을 만큼 큰 귀를 지닌 사람들이 살고 있다든가 하는, 매우 공상적인 이야기도 전해지고 있다. 한편 카나리아 제도, 마데이라 제도와 일반적으로 '행복의 섬'이라고 불리는 아조레스 제도가 분명 지금의 섬들과는 별개로 존재했다는 이야기도 있다. 이 섬들은 카르타고인들에게는 알려져 있었지만 그 이후에는 잊혀, 13~14세기 제노아인들이 다시 발견할 때까지 세상에 알려지지 않고 있었다.

플라톤도 그랬지만, 그 고전기의 저술가들은 유럽, 아시아, 아프리카라고 하는 기존의 세계를 둘러싸고 있는 바다가 한층 더 광대한 대륙에 의해 둘러싸여 있다고 믿고 있었다. 플라톤보다 젊은 동시대인인 역사가 테오폼포스(Theopompos)는 프뤼기아의 미다스(Midas)왕(그의 손이 닿으면 무엇이든 황금으로 변한다는 이야기가 있다)과 사튀로스인 실레노스(Silenos)의 대화를 기록하고 있는데, 그곳에서 실레노스는 바깥 대륙은 그 크기가 두 배에 달하며, 그곳에는 수명도 자신들의 두 배에 달하는 사람들이 살고 있고, 옛날 이 나라의 거인족 가운데 호전적인 일족은 바다를 건너 문명사회를 공격하려고 시도한 적도 있었다고 전한다. 이러한 전설은 이란에도 있다. 그에 따르면, 조로아스터는 '바깥 대륙'으로부터 온 침략자의 자손이다. 아마 이 두 이야기 모두는 아주 오래된 민족 이동 전설이 후세에 전해지는 과정에서 변화해 온 탓에 그 원형을 잃어버렸을 것이다.

그리고 바다 속에서 나타났다가 다시 바다 속으로 사라진 육지 역시 그리스인들에게는 친숙한 이야기일 것이다. 로도스섬이 해저에서 출현했다는 것은 신화에서도 언급되고 있지만, 헤로도토스는 이집트 여행 때 이미 언덕 위나 바닷가에서 조개의 화석을 발견해 그 지방이 이전에는 해저였다는 사실을 정확히 추론하고 있다. 이것은 아마 지질에 관한 가장 오래된 기록일 것이다. 게다가 일반적으로 사람들은 시켈리아섬이 지진 때문에 이탈리아에서 떨어져 나온 것이라고 믿고 있었고, 지브롤터 해협도 자연적인 지각변동에 의해서 밀려 떨어져 나와 길이 열린 것이라고 여겼다. 그리고 아틀란티스가 실재했다고 여겨지는 시대와 장소는 타르텟소스(Tartessos)나 서방의 낙원 엘뤼시온(Elysion), 헤스페리데스(Hesperides) 같은 나라에 관한 신화로부터 온 것인지도 모른다.

게다가 그리스에는 일련의 대홍수가 일어났었다는 전설이 있었다. 이 전설 역시 오래된 수메르의 이야기를 기초로 한 것인지도 모른다. 수메르 지방에는 믿음이 깊은 지우수드라(Ziusudra)가 신으로부터 인류에게 대홍수가 미칠 것이라는 경고를 받고 자신의 가족과 가축을 데리고 배로 대피했다는 이야기가 전해지고 있었는데, 이 이야기는 후에 길가메시(Gilgamesh) 서사시에서도 나타나고 있으며 바빌로니아의 신관 베롯소스(Berossos)가 남긴 단편 속에서도 조금 변형되어 나타난다. 이 베롯소스는 기원전 3000년경 코스(Kos)에서 점성학을 가르친 신관이다. 창세기의 노아 이야기는 이 전설에 뿌리를 둔 것이다. 베롯소스는 모든 혹성이 게자리에 모일 때는 불 때문에 재앙이 일어나고, 염소자리에 모일 때는 물 때문에 재앙이 일어난다고 말한다. 물론 베롯소스는 플라톤이 활동하던 시기보다 이미 반세기 앞서 죽었으므로 플라톤이 그로부터 직접 다른 표현을 얻었다고는 할 수 없을 것이다. 그러나 베롯소스가 말한 전설이 그리스에도 퍼져 있었다는 사실만은 분명하다. 따라서 적어도 핀다로스의 시대까지 거슬러 올라가는 데우칼리온과 퓌라(Pyrrha)의 그리스 신화도 유프라테스강 유역 일대를 덮친 실제의 대홍수를 기초로 한 이야기일지도 모른다.

또, 플라톤은 아틀란티스의 도시 구조는 바빌로니아의 도시에서, 원형의 성벽은 카르타고의 성벽에서 착상을 얻었을 수 있으며, 혹은 그 둘 모두에서 착상을 얻은 것일 수도 있다. 게다가 아틀란티스의 신전 담장과 외벽에 씌운 금속 장식은 호메로스가 그린 알키노오스(Alkinoos)의 궁전이나 타르텟소스 여행담들에서 그 소재를 얻었을 것이다. 아틀란티스의 항구들에 대한 묘사는 그리스 세계의 뉴욕이었던 시라쿠사에서, 그리고 아틀란티스의 해군력은 페리클레스 시대의 아테네 혹은 크레테의 왕의 전설에서 착상했을 가능성도 있다. 그리고 이집트의 신관이 말하는 주기적 대재앙은 바빌로니아의 이야기에서, 그리고 아틀란티스의 종교 의식은 오르페우스교의 신비 의식에서 생각났을지도 모른다. 플라톤이 자신의 철학 이론들 중 상당 부분을 피타고라스학파로부터 얻었고, 피타고라스는 오르페우스교에서 큰 영향을 받았다는 것은 잘 알려진 사실이다.

　기본적으로 신화는 초자연적인 정령들을 가라앉히는 주문 내지 제사 의식을 위한 가사로, 혹은 부족을 이끄는 추장이나 신관의 권위를 세워 부족의 터부를 지켜 내기 위한 하나의 수단으로 만들어졌다. 재앙과 관련한 전설도 신에 대한 인간의 불신이나 불경을 벌하기 위해 신들이 불이나 홍수 같은 재앙을 내려 그들을 응징하는 이야기가 대부분이다. 데우칼리온의 이야기나 노아의 방주가 그렇고, 사람을 잡아먹는 자칼, 폭풍, 불벼락, 홍수, 마지막에는 지진으로 전 세계가 멸망한다는 아즈텍족의 전설도 그렇다. 전설이 아니라 실제로 멸망한 문명 또한 분명 존재했을 것이다. 특히 플라톤은 크레테나 타르텟소스에 대해서는 잘 알고 있었을 것이며, 또 영향도 받았을 것이다. 그러나 아주 오래된 혹은 더 멀리 떨어진 문명에 대해서는 전혀 알지 못하였다. 이로 미루어 보건대, 아마도 플라톤은 아틀란티스의 이야기를 위한 아이디어의 대부분을 자기 시대의 지식이나 생각으로부터 구했을 것이다. 앞에서 살펴보았듯이 시켈리아와 아틀라스, 포세이돈의 전설은 물론 헤스페리데스, 아프리카의 야만족 아틀란테스에 대한 풍문, 대서양의 풍요한 섬들에 대한 소문 모두가 그의 창작에 일조했을 것이며, 바빌론, 시라쿠사, 카르타고 등 당시 도시들에 대한 다양한 정보들도 소재가 되었을 것이다. 그리고 이집트 신관과 신전에 관한 부분은 헤로도토스의 『역사(Historiai)』에 생생하게 기술되어 있는 아마시스왕 시대의 신전 이야기를 참고했을 것이다. 특히 베롯소스의 전설뿐만 아니라 지중해 주변의 지진 피해에 관한 실제 기록, 특히 기원전 1400년경 테라섬이 분화되었다는 기록이나, 기원전 426년 해일에 습격당한 아탈란테가 수몰되었다는 기록 등은 당시로서도 충분히 알려졌을 만한 대사건에 관한 기록이었다는 점에서 플라톤의 구상에 많은 영향을 미쳤을 것이다. 이렇게 보면 플라톤이 들려주는 아틀란티스 이야기는 대체로 당시에 전해지던 신화, 전설, 우화의 범위에 포함되는 것들이 플라톤의 천재적인 상상력에 의해 창조적으로 종합된 것이라고 보는 것이 타당하다 할 것이다.

2. 플라톤의 지리관과 역사 지식

그러나 플라톤의 아틀란티스 이야기를 심층적인 관점에서 좀더 객관적으로 이해하기 위해서는 그 신화적 기원뿐만 아니라 플라톤이 당시에 갖고 있었던 지리관과 역사에 대한 지식도 살펴봐야 한다. 호메로스부터 스트라본(Strabon)에 이르는 이른바 고전기 그리스인의 지리관은 많든 적든 계속 성장하고 있었기 때문이다. 우리의 이야기와 관련해 우선 눈에 띄는 것은 기원전 5세기경 스퀼락스(Skyrax)라는 사람이다. 그는 페르시아의 다리우스 1세에게 고용되어 인더스강을 탐험하고 아라비아해를 항해했다고 전해지는 인물로서 『페리플루스(periplous)』, 즉 항해 안내서를 저술할 정도로 그 당시 주변 지리에 대해 해박한 지식을 가지고 있었던 사람이기도 하다. 그런데 그는 그 책에서 가데이라, 타르텟소스, 케르네 등 헤라클레스의 기둥 맞은편 지명에 대해 언급하며, 흥미롭게도 플라톤이 그 지명들을 혼동하고 있다고 지적한다. 이로 미루어 보건대, 플라톤은 서방 시켈리아섬 근처까지는 잘 알고 있었던 것으로 보이지만, 그 맞은편 카르타고 지역과 헤라클레스의 기둥 바깥쪽 바다 너머에 대해서는 거의 알지 못했던 것으로 보인다. 하물며 지금의 영국, 스칸디나비아, 아메리카 대륙 등에 대해서는 그것이 존재하고 있다는 것조차 전혀 알지 못했으며, 따라서 이것들을 아틀란티스에 관한 이야기의 토대로 삼을 수도 없었다. 2세기 정도 앞선 솔론의 경우도 마찬가지라고 말할 수 있다. 솔론 시대의 사람들은 세계를 둘러싸고 흐르는 '대양의 강'이 있다고 여겼고, 그 강은 서쪽 끝까지 홀쭉하게 뻗어 있으며 그 강으로 '안쪽 바다'가 흘러들어 간다는 것만 어슴푸레 짐작하고 있었다.

그렇다면 솔론은 그러한 지식을 정말로 이집트에서 얻었던 것일까? 알려진 바에 따르면, 이집트인들은 자신들의 영역 바깥의 세계에 대해서는 그리스인들보다도 더 무지했다. 그들은 세계가 구두 상자 내부와 같은 형태를 하고 있고 그 바닥에는 주로 이집트가 위치해 있으며 나일강은 수직으로 흘러내린다고 생각했다. 호메로스부터 솔론 시대에 이르기까지 그리스인들은 유럽과 아시아와 아프리카가 합쳐져 원형을 이루고 있으며 그 주위를 대양의 강이 흐르고 있고 다시 이 대양을 외부 대륙이 빙 둘러싸 세계를 이루고 있다고 생각했다. 그러나 솔론에서 플라톤에 이르는 사이, 그리스 식민지들의 경계가 넓어지고 또 행동 범위가 넓었던 페니키아인들도 접하게 되자 그리스의 지식인들은 대서양에 대해 꽤 많은 것들을 알게 되었다. 헤로도토스는 대서양을 현재와 동일한 이름으로 지칭한 최초의 인간이다. 그러나 그 후에도 수 세기 동안 '대해', '외해', '서해'라는 이름이 사라지지는 않았다.

이러한 생각은 플라톤 시대까지도 완전히 바뀌지 않고 있었다. 단지, 옛날부터 유럽과 외부 대륙, 혹은 '진짜 대륙' 사이를 흐르고 있다고 여기던 대양의 강이 플라톤이 이야기하는 아틀란티스를 둘러쌀 수 있을 만큼 넓어진 것이 전부였다. 당시의 지리학자들은 이 외부 대륙의 존재를 부정했지만, 플라톤은 물론 그 이후에 등장한 테오폼포스(Theopompos)나 플루타르코스(Plutarchos) 같은 저술가들조차도 모두 외부 대륙이 존재한다고 믿었다. 그 옛날 호메로스나 헤시오도스가 생각한 대양의 강은 아틀란티스를 둘러쌀 만큼 넓지 않았던 것이다. 따라서 대서양에 있는 대륙이라는 생각은 그것을 둘러쌀 수 있는 대양에 관한 생각이 생겨나기 전에는 존재할 수 없었던 것이다. 대양에 관한 이러한 생각은 헤시오도스의 시대를 전후해 그리스인들에게 생겨나기 시작했는데, 따라서 아틀란티스에 관한 생각 역시 오래되었다 해도 기원전 500년보다도 더 거슬러 올라가지는 않는다.

플라톤은 분명 동시대 사람들이 널리 믿고 있던 이야기들을 자료로 삼았을 것이고, 그 자료들을 기초로 대서양에 그렇게 큰 섬이 있었고, 그러한 섬이 가라앉은 뒤에는 항해가 불가능할 정도로 얕은 여울이 남았을 것이라고 생각했을 것이다. 이러한 생각은 지진 때문에 대륙이 함몰했다는 생각과도 잘 어울린다. 사실 지중해에 살고 있던 사람들은 지진에 이미 익숙해져 있었다. 기원전 426년과 기원전 373년 두 번에 걸쳐 꽤 큰 지진이 그리스를 덮쳤는데, 투퀴디데스는 이미 플라톤 시대에 먼저 일어난 지진이 아틀란티스와 관련이 있다고 강하게 암시하고 있다.

"지진이 덮쳤을 때 에우보이아의 오로피아이 바다는 해안선이 었던 곳에서 물러났다가 다시 밀려와 큰 파도가 되어 그 섬의 일부를 삼켰다. (⋯) 가까운 아탈란테섬도 똑같이 물에 잠겼다. 이 파도로 아테네의 성채 일부가 유실되었고, 해안에서 끌어올려둔 배 두 척 중 한 척이 파괴되었다." 플라톤이 투퀴디데스의『역사』를 읽었는지 읽지 않았는지는 알 수 없지만 아마도 읽었을 가능성이 높고, 또 이 지진으로 아탈란테섬이 "두 동강이로 나뉘어", "갈라진 곳이 배의 수로가 되었다"라는 스트라본의 전언을 고려한다면, 플라톤이 이 작은 아탈란테섬을 광대한 아틀란티스로 착각했을 수도 있다.

한편, 플라톤은 역사에 관해 얼마만큼의 지식을 가지고 있었을까? 지리에 관한 지식과 그 정도가 비슷했던 것 같다. 플라톤은 뛰어난 두뇌와 창의력을 가지고 있었지만, 이야기를 구성하는 소재를 찾는 데는 분명히 한계를 느꼈을 것이다. 그리스의 역사는 기원전 700년부터 기원전 650년에 걸쳐 아테네 집정관이 등장하며 시작된다. 그럼에도 그때까지 등장한 통치자들의 계통은 여전히 애매하고 식민지 건설 연대도 추정에 불과하다. 믿을 만한 역사적 기록은 기원전 600년경 솔론의 시대에 들어와서야 나타나는 것이다. 따라서 만약 아틀란티스나 선사 아테네 제국이 실재했다고 해도, 플라톤은 그들의 정확한 역사에 관해서는 알 수 없었을 것이다. 그리스의 역사는 9000년 전은커녕 그의 시대로부터 3세기 정도 거슬러 올라갈 수 있는 정도에 지나지 않는다.

만약 플라톤이 아틀란티스에 관한 지식을 그리스의 역사로부터 구한 것이 아니라면, 그것은 어디에서 기원한 것일까? 플라톤이 말하고 있는 것처럼 정말 이집트를 거쳐 들어온 것일까? 우리는 앞에서 이집트인들이 그리스인들에 비해 지리에 관해 빈약한 지식을 가지고 있다고 이야기했지만, 반면 역사 기록과 관련해서는 고왕조 이래 뛰어난 감각을 유지해 왔다.

프톨레마이오스 왕조하에서, 델타의 신관 마네토(Manetho)는 그리스어로 자기 나라 사람들의 역사를 기록했다. 그 원전은 없어져 버렸지만 발췌한 책은 보존되어 있다. 마네토는 천지창조 후 이집트를 지배한 신들과 신적 인간들을 시작으로 기술해 가기 시작했다. "죽음의 정령들, 신적 인간들에서 이어지는 최초의 왕가는 일곱 명의 왕에 이른다. 그 최초의 왕은 메네스로 62년간 재위했다. 그는 하마에게 쫓겨나 세상을 떠났다." 여기에 나타난 메네스는 이집트 전 국토로 세력을 넓히기 위해 여러 해에 걸쳐 고군분투한 몇 명의 왕을 대표하는 이름이라는 의미에서 역사상 인물이라고 할 수 있다.

따라서 비록 정확하다고 단언할 수는 없을지라도 어쨌든 이집트에는 플라톤의 시대로부터 3000년을 거슬러 올라갈 수 있는 역사가 있던 것이 사실이다. 그러나 3000년이라는 대단히 오랜 시간에도 불구하고 아틀란티스까지 거슬러 올라가기 위해서는 여전히 6000년의 역사가 더 필요하다. 아틀란티스가 플라톤이 말하는 시대에 존재했다고 해도 그 존재를 아는 데 필요한 역사적·지리적 지식은 부족했을 것이므로 그가 아틀란티스에 대해 안다는 것은 불가능했을 것이라는 말이다. 따라서 플라톤은 자신의 시대에 남아 있는 믿을 수 있는 자료를 이용한 것이 틀림없다. 투퀴디데스의 기록에 따르면 그리스를 덮친 실제 지진들 중 하나는 펠로폰네소스 전쟁 6년째인 기원전 426년에 일어났다. 육지가 융기했다거나 바다 속에 가라앉았다거나 하는 현상은 그리스 지식인들에게는 그다지 새로운 현상이 아니었다. 아마도 플라톤은 육지 함몰에 대한 기존의 지식에 기초해 대서양에 있던 육지가 얕게 가라앉아 뻘이 된 탓에 배가 통과하지 못하게 되었다는 생각을 떠올린 것이 아닐까? 어쩌면 이집트 여행에 대한 솔론의 이야기에서 그에 관한 소재를 얻었을 수도 있지만, 그것이 주요한 자료가 되지는 않았을 것이다. 솔론의 시대에는 이야기의 중요한 요소인 대서양의 존재가 지중해 동부에는 그다지 널리 알려져 있지 않았기 때문이다.

그리고 마지막으로, 어떤 페니키아인이 대서양에서 큰 강이 있는 거대한 섬 하나를 찾아냈다는, 혹은 더 많은 수의 섬을 찾아냈다는 풍문이 널리 퍼졌던 적이 있었다. 이러한 풍문들이 엮여 대서양의 큰 섬이 지진으로 가라앉아 그 후 항해가 불가능한 얕은 여울이 되었다는 이야기가 만들어지는 것은 극히 자연스러운 일이 아닐까? 게다가 그는 다른 역사적 사건들 역시 아틀란티스 이야기에 이용하고 있다. 페르시아 전쟁이나 그리스-카르타고 전쟁, 테오폼포스가 여러 형태로 수차례 언급하고 있는 외부 대륙으로부터의 침략에 관한 전설을 함께 묶고, 용감한 아테네인들이 이방인 침략자들을 격퇴했다는 이야기도 끌어들여 자신의 구도대로 재구성했을 가능성도 있다.

3. 플라톤 이후 사람들의 반응들

플라톤이 남긴 아틀란티스에 대한 이야기를 그 후대 사람들이 어떻게 받아들였는지는 분명하지 않다. 플라톤의 시대로부터 300년 정도 이후에 이르기까지 아틀란티스에 대해 언급하고 있는 문헌은 전혀 남아 있지 않기 때문에, 그에 관한 정보는 스트라본처럼 한참 후대의 저술가가 쓴 책에서야 비로소 확인할 수 있다. 어쨌든 사람들은 처음에 아틀란티스 이야기를 허구로 여겼던 것 같다. 플라톤이 자신의 생각을 드러내기 위해 만들어 낸 우화라고 생각했던 것이다. 플라톤이 풍부한 상상력과 창의력을 가지고 있었다는 사실을 알고 있던 사람이라면 이렇게 짐작한 것도 무리가 아닐 것이다.

우선 플라톤의 우수한 제자였던 스타게이라의 아리스토텔레스를 보자. 그는 스승과 달리 실증적인 성향의 학자로서 인간과 우주에 관한 방대한 저작을 남겼다. 그의 저작들은 당시의 거의 모든 학문 분야를 다루었으며, 두말할 나위 없이 그 시대의 학문에 지대한 공헌을 했다.

아리스토텔레스가 아틀란티스에 대해 직접 언급한 문헌은 전해지고 있지 않지만, 스트라본은 자신의 책에서 그 이야기에 관한 아리스토텔레스의 언급을 다음과 같이 인용하고 있다. "저 호메로스가 이야기를 구성하며 트로이아 해변에 배를 에워싸 아카이아인의 벽을 만들고, 또 이내 그것을 파도에 쓸려 보내지 않으면 안 되었던 것처럼, 플라톤 역시 아틀란티스에 관련해 '스스로 그것을 만들었다가 또 파괴하고 있다.'"

또 스트라본은 그로부터 200여 년 후 키케로의 친구이자 개인교사인 스토아학파의 철학자 포세이도니오스(Poseidonios)가 지진이라든지 침식작용이 일어나는 것을 보고서 매우 신중한 말투로 "아틀란티스섬에 대한 이야기가 꾸며낸 것이 아니라고 생각할 수도 있다"라고 말했다고 전한다. 스트라본은 포세이도니오스가 닥치는 대로 말하는 사람이라고 폄하하면서도, 일단 그가 아틀란티스에 대해 이렇게 언급했다는 것만은 시인한 것이다.

게다가 기원후 1세기, 로마의 저술가 대(大)플리니우스(Gaius Plinius Secundus)는 "우리가 플라톤을 믿는다면" 아틀란티스는 바다 속에 가라앉은 것이 틀림없다고 말했고, 그 동시대인인 플루타르코스는 솔론이 대서양에 있는 섬의 역사 또는 전설을 서

사시로 지으려고 하였으나 정사에 바빠 완성하지 못한 탓에 플라톤이 그것을 계승하여 이야기를 좀 더 진행시켰다고 말하고 있다. 플루타르코스는 이 이야기의 진실성에 대해서는 회의적이었지만, 적어도 그 문학적 가치만큼은 인정하고 있는 듯하다. "(…) 그리고 완성된 이야기에서 독자가 얻은 만족감이 큰 만큼, 미완의 부분을 아쉬워하는 마음 또한 크다."

이 시기까지만 해도 아틀란티스 이야기에 관한 평가는 냉정하고 비판적인 관점을 유지하고 있었다. 그러나 그 후 로마 제국의 지배하에서 그러한 비판 정신은 점차 사라져 갔고, 신플라톤학파의 그리스 철학자 프로클로스(Proklos)에 이르자 그때까지와는 전혀 다른 관점이 나타나기 시작했다. 신플라톤학파였던 플로티노스(Plotinos)와 포르퓌리오스(Porphyrios)의 문하생들은 그리스 문화가 활짝 피어 있던 알렉산드리아에서 일어난, 반(半)마술적 · 반(半)철학적 종파들 중 하나를 형성했다. 이 마술적 경향은 점점 더 강해져 기독교에 일부 흡수되었으나, 꼼꼼한 식별력 따위는 이미 그들에게는 미덕이 아니었다.

프로클로스는 플라톤의 문하생인 크란토르(Krantor)가 아틀란티스에 관한 이야기를 사실이라고 생각하고 이집트 신관들에게 그것을 확인한 바 있으며, 이집트의 신관들도 여행자들에게 그에 관한 비문이 새겨진 기둥을 보여 주었다고 전한다. 그러나 여행자들은 상형문자를 읽을 수 없었던 탓에 안내인의 말을 그대로 믿을 수밖에 없었을 것이다. 또한 프로클로스는 기원전 1세기 지리학자 마르켈루스(Macellus)가 그의 책 『에티오피아사(Ethiopic History)』에서 "대서양에 3개의 큰 섬과 7개의 작은 섬으로 된 군도가 있고, 그곳의 주민들은 아틀란티스와 그 제국에 관한 전설을 전하고 있다"라고 말하고 있다. 그 밖에도 포르퓌리오스나 그리스의 주교 오리게네스처럼 플라톤의 이야기를 우화라고 생각해 그 이야기들로부터 뭔가 상징적인 의미를 찾아내려고 한 사람들도 있었다. 그들의 이야기에 따르면, 아틀란티스 전쟁은 우주를 움직이는 성령들끼리의 투쟁이라는 것이었다. 신플라톤학파의 이암블리코스(Iamblichos)나 프로클로스 같은 사람들은 아틀란티스의 이야기가 문자 그대로이건 상징적인 의미에서건 '진실'이라고 열심히 외쳐 대지 않으면 안 되었다. 당시 알렉산드리아에는 그러한 비유와 상징을 중요하게 생각하고 억지로 의미를 부여해 가며 기뻐하는 풍조가 있었던 것이다. 프로클로스가 쓴 『티마이오스에 대한 주석』을 보면 별로 중요하지 않은 부분인데도 대단한 의미를 붙여 신비로운 주석을 길게 늘어놓기도 하고, 또 반대로 정작 중요한 부분에 대해서는 아예 언급조차도 하지 않는다.

아틀란티스 이야기에 대한 주교들의 해석도 신플라톤학파와 크게 다를 것이 없었지만, 기독교가 크게 융성하고 로마 제국이 쇠망하면서 지적인 관심은 점차 현세에서 저세상으로 옮겨 갔다. 아틀란티스처럼 세속 세계에서 일어난 먼 옛날의 일들은 이 제 주목의 대상이 되지 못했다. 칼키디우스(Chalcidius)가 라틴어로 번역한 『티마이오스』는 플라톤의 작품들 중 수 세기 동안 서방 세계에서 가장 널리 알려진 저작이었지만 아틀란티스에 대한 관심만큼은 희미해져 버렸던 것이다. 이렇게 해서 서방 세계는 기나긴 중세 기독교의 시대로 접어들었다.

그러나 마지막으로 아틀란티스에 대해 말하는 인물이 있었는데, 6세기 무렵 이집트의 기독교 수도사로 '인디코플레우스테스(Indikopleustes, 인도 항해자)'라고 불렸던 코스마스(Kosmas)라는 사람이 바로 그였다. 젊은 시절 상인이었던 그는 각지를 여행하며 저술한 『기독교 지리지(Christian Topography)』로 이교도들의 지리관을 논파하고자 시도했다. 이때 그가 끌어들인 것이 아틀란티스에 관한 이야기이다. 즉, 그는 지구가 둥글지 않고 평평하다는 것을 플라톤이 지은 아틀란티스 이야기를 통해 증명하고자 했던 것이다. 그에게 우주란 고대 이집트인이 생각한 것처럼 상자의 안쪽과 같은 것이었다. 정확히 그것은 모세의 지시로 세워진 히브리인의 이동식 신전을 연상시킨다. 그의 설명에 따르자면, 우리가 살고 있는 '지구'는 이 그릇의 바닥에 놓여 있는 하나의 섬인 셈이다. 이 섬은 당연히 바다에 펼쳐 놓여 있고 또 바다는 상자의 벽이 바닥과 접하는 곳에 자리한 가늘고 긴 장방형 모양의 육지로 둘러싸여 있다. 낙원(『기독교 지리지』가 나온 이후 중

세 유럽 지도에는 반드시 낙원의 위치가 기록되어 있다)은 이 바깥쪽 육지의 동부에 자리 잡고 있는데, 대홍수 이전에는 그곳에도 사람이 살고 있었다.

코스마스는 플라톤이 이 이야기를 크리티아스로부터 전해 듣고 적당히 손질만 가한 것이 바로 아틀란티스 이야기라고 단언한다. 그 후 아틀란티스에 대한 관심은 다시 사라져 버린 것처럼 보인다. 1100년경 호노리우스(Honorius)가 만든 백과사전 『데 이마지네 문디(De Imagine Mundi)』에 짧게 기록된 것 외에 '아틀란티스'라는 이름은 오랫동안 사람들의 입에 오르내리지 않았다.

그러나 아틀란티스에 대한 관심이 완전히 없어져 버린 것은 아니었다. 그저 오랫동안 잠들어 있었다는 표현이 적절할 것이다. 유럽인들이 기독교의 속박에서 깨어나 학문적으로나 지리적으로 좀 더 넓은 세계를 향해 눈을 돌리게 되었을 때, 아주 먼 옛날의 일에 대한 관심도 다시 생겨났고, 유토피아에 관한 의식 역시 새롭게 복원되었다. 마침내 아틀란티스가 사람들의 의식 위로 떠오르게 된 것이다.

4. 근 · 현대 문학에 나타난 아틀란티스

많은 사람들이 유토피아 사상의 철학적 기원으로 플라톤 철학을 꼽지만, 사실 그와 동시대인들 가운데에는 그와 비슷한 경향의 작품을 쓴 사람들도 있었다. 아리스토파네스도 그중 하나이며, 칼케돈의 팔레아스(Phaleas)처럼 모든 부를 평등하게 나누는 방식으로 사회를 개혁해야 한다고 부르짖은 이도 있었다. 중국처럼 다른 문명권의 문학에서도 그런 유의 사상이 나타났고, 플라톤 이전 히브리 예언자의 이야기 속에도 '사자가 소와 함께 풀을 먹는다'라는 이상향이 그려져 있었다. 플라톤의 이야기는 오늘날까지 전해지고 있는 이런 종류의 작품들 중에서 제일 고전적인 작품이라고 할 수 있다. 이런 종류의 작품들은 그 후대까지 끊임없이 나타나 스토아 철학의 선조 제논 역시 이러한 작품을 시도한 바 있다. 아모메토스(Amometos)는 히말라야 부족의 목가적인 생활을 그렸다. 에우에메로스(Euemeros)는 아라비아해 군도에 위치한 막대한 부와 풍요로움을 자랑하는 유토피아, 판카이아(Panchaia)에 관해 썼다. 이암불로스(Iamboulos)는 젊은 시절의 체험담을 소재로 아라비아해에 있는 이상한 일곱 군데 섬에 표류한 이야기를 썼다. 그 섬은 완전한 공산 사회였으며, 그곳에 사는 주민들은 뼈를 자유롭게 구부리고 2개의 혀를 가지고 있어 한 번에 두 가지 이야기를 할 수 있었다.

기독교가 일어나자 사람들은 지상의 국가를 개선하고 싶다는 현실의 희망에서 미래의 유토피아에 대한 꿈으로 눈을 돌렸다. 아우구스티누스는 『신국론』에서 미래에 다가올 생활의 기쁨을 그렸고, 토머스 모어(Thomas More) 경은 르네상스기였던 1516년 『유토피아』를 완성했다. 그로부터 1세기 후, 프랜시스 베이컨

(Francis Bacon) 경 역시 『새로운 아틀란티스』에서 같은 시도를 보여 주었다. 이 이야기에서 이야기꾼은 남해의 어느 육지에 표류하는데, 거기에는 터번을 감은 주민들이 이상적인 민주제 군주정 아래에서 살고 있다. 그들은 플라톤의 이야기 속에 등장하는 아틀란티스에서 이주해 온 사람들인데, 원래 페루에서 멕시코에 이르는 대제국이었던 아틀란티스가 대홍수 때문에 황폐해지자 이주해 왔다는 것이다. 근년의 소설들 중에서는 라이트(A. T. Wright)가 쓴 『이스란디아(Islandia)』가 '자연으로 돌아가라'는 메시지를 표방하며 우리들을 다시금 아틀란티스로 끌어들였다. 문명 세계의 관습에 대한 반발은 '아틀란티스트'들이 가슴속 깊이 품고 있는 감정이기 때문이다. 워즈워스(Wordsworth)와 바이런(Byron)을 비롯한 낭만주의파 문인들도 19세기 초두에 '자연으로 돌아가라'는 사상을 외쳤다. 바이런의 친구 존 갤트(J. Galt)는 1814년 『아포스테이트 또는 궤멸된 아틀란티스(The Apostate, or Atlantis Destroyed)』라는 비극을 발표하기도 했다. 그런가 하면 반세기 후에는 존 러스킨(J. Ruskin)이 잉글랜드의 블랫포드에서 아틀란티스를 테마로 한 강연을 통해 산업혁명을 비판해 실업에 신음하는 청중들을 놀라게 하기도 했다. 그는 아틀란티스 이야기를 인용하며, 플라톤이 말하는 것처럼 황금을 숭배하고 지역의 자연을 손상시키며 노동자를 압박한다면 결국 어떤 운명에 빠지게 될지 알아야 할 것이라고 말했던 것이다. 러시아의 망

명 작가 드미트리 메레즈코프스키(Dmitri Merezhkovski) 같은 사람도 아틀란티스 이야기를 역사적 기록인 동시에 도래할 미래에 관한 우화라고 해석한다. 즉, 효율성을 목표로 새로운 기계를 개발하는 데만 매달려 있는 서구 세계는, 그것을 적절히 제어하지 못한다면 아틀란티스의 방만과 탐욕이 멸망을 부른 것처럼 그 영화의 절정에서 멸망하게 되리라는 것이다.

그러나 문학 분야에서 아틀란티스가 본격적으로 부활한 것은 1869년 베른(J. Verne)의 유명한 소설 『해저 2만 리(Vingt Milles Lieues Sous les Mers)』가 출판되면서부터이다. 이 이야기의 화자와 잠수함 노틸러스의 네모 함장은 잠수복을 입고 대서양의 해저를 걷다 불가사의한 해저의 폐허를 발견한다. 네모 함장은 바위 위에 글씨를 써 화자에게 그곳이 '아틀란티스'라고 가르쳐 준다. 사라진 대륙을 테마로 한 소설과 잡지들은 그 뒤에도 이른바 '아틀란티스 붐'이라 불릴 정도로 잇달아 발표됐다. 제1차 대전 중에는 이 사라진 대륙에 관한 테마가 잠깐 소설에서 사라졌지만 전쟁이 끝나자 다시 부활했다. 아틀란티스가 해저 이외의 다른 곳에서 여전히 번성을 누리고 있다는 데 착안한 소설도 나타나고, 아틀란티스를 가라앉게 만든 대재앙 모티브를 현대에 그대로 적용한 소설도 나타났다. 라이트(S. F. Wright)의 『대홍수(Deluge)』(1928)와 그 속편 『여명(Dawn)』이 그것이다. 그곳에서는 영국제도를 포함해 현재 남아 있는 대륙의 대부분을 물속으로 침몰시킨 대재앙이 그려지고 이다. 오일렌브르크(Karl zu Eulenburg)의『대심해의 원천(Die Brunnen der Grossen Tiefe)』(1926)은 없어진 대륙 아틀란티스가 수면까지 융기해 여객선이 좌초한다는 이야기를 담고 있다.

이러한 작품들을 보면 아틀란티스라는 테마는 끊임없이 사람들의 관심을 불러일으키는 모종의 마력을 지니고 있는 듯하다. 흥미롭게도 한때 영국에서는 신문기자들을 대상으로 4대 상상 뉴스를 선정하도록 했는데, 아틀란티스 대륙의 재출현이 그리스도의 재림보다 다섯 단계나 높은 순위로 4대 뉴스에 들어간 적이 있다. 또, 어느 천문학자는 아틀란티스의 이름을 따서 화성의 한 지역에다 그 이름을 붙였고, 우즈 홀(Woods Hole) 해양 연구소에서는 자신들의 조사선을 '아틀란티스호'라고 명명하기도 했다. 1951년 시카고의 리알토 극장에서는 '아틀란티스—바다의 님프'라는 수중 스트립쇼까지 등장했다. 그리고 오늘날까지도 흔하게는 간행물, 극장, 호텔, 서점, 건축 회사, 레스토랑의 이름은 물론 세계적으로 인기 있는 애니메이션 영화의 소재에 이르기까지 '아틀란티스'라는 이름이 널리 사용되고 있다. 이처럼 '아틀란티스'라는 이름은 완전히 세속화되어 버린 감도 있지만, 아틀란티스가 지니고 있는 수수께끼 자체가 통속화된 것은 아니다. 아틀란티스라는 테마는 여전히 다양한 방면에서 비정상적일 정도로 활발하게 연구되고 있는 것이다. 사라진 대륙을 탐구하는 것은 현실과 미지의 경계에서 호기심과 환상을 불러일으킨다. 아틀 란티스는 역사에는 별 흥미를 느끼지 않는 사람들에게조차 매력 있는 탐구 대상이며, 그들로 하여금 모종의 교훈을 얻을 수 있도 록 해 준다.

5. 아틀란티스에 관한 이론적 가설들

앞에서도 살펴본 것처럼, 지난 4세기 이후 아틀란티스나 그와 비슷한 가상의 대륙을 다룬 책은 실로 헤아릴 수 없을 정도로 많 이 나왔다. 한 통계에 따르면 그 수는 무려 5천 권을 넘는다고 한 다. 특히 지난 세기에는 소설을 비롯한 문학 분야의 책들뿐만 아 니라 여러 가지 과학적 사실을 동원해 아틀란티스의 비밀을 풀 어 보고자 시도한 이론서들도 다수 출간되었으며, 그에 자극을 받아 많은 탐험가들이 직접 아틀란티스를 찾아 먼 여행을 시도 하기도 했다. 지질학자들 또한 대륙이 융기했다 함몰한 곳이 어 디인지, 융기와 함몰은 언제 어떻게 어떤 이유로 일어났는지에 대해 연구하기도 했다.

그중 가장 대표적인 사람을 꼽으라면 아마도 미국의 정치가 이자 국회의원이며 이른바 1세대 아틀란티스 학자라고 할 수 있 는 도넬리(I. Donnelly)를 들 수 있을 것이다. 그의 책 『아틀란티 스 : 노아 홍수 이전의 세계(Atlantis: The Antediluvian World)』는 1882년 처음 출판된 이래 1963년까지 무려 50쇄를 거듭 찍으며 아틀란티스학의 바이블이 되었다. 그의 논제는 그가 관찰한 콜럼버스 이전의 아메리카 문명과 고대 이집트 문명 사이의 몇 가지 유사성에 입각해 있다. 그중에서 그는 피라미드의 건설, 미이라의 보존 기술, 1년을 365일로 하는 역법의 발달, 그리고 대홍수의 전설 등을 예시했다. 그는 이 두 문명이 같은 기원을 가지고 있다고 믿었다. 즉, 두 문명 모두 대홍수 이전에 신세계와 구세계 사이에 있던 한 대륙에 그 기원을 두고 있는데, 그 사이 대륙이 바다 밑으로 가라앉자 동쪽과 서쪽에서 두 가지 성격의 문화가 제각기 발전하게 되었다는 것이다. 도넬리의 지지자들은 자신들의 주장을 뒷받침할 만한 여러 가지 이론들을 갖추고 있었으며, 이들이 펼쳐 내는 아틀란티스학은 여러 가지 신비로운 수수께끼에 대해 해답을 제시하는 것처럼 보였다. 예컨대, 그들은 유럽에서 대서양을 가로지르는 길고 험난한 여행 끝에 사르갓소해(Sargasso Sea)에다 알을 낳는 뱀장어들의 번식 습관은 아틀란티스 대륙의 강에서 지낸 과거의 경험 때문이라고 설명한다. 또, 이들은 아틀란티스는 다른 유럽인들과 인종적·언어학적으로 전혀 다른 바스크족의 원래 고향이며, 베네수엘라 등지에서 종종 발견되는 백인 인디언의 원래 고향 또한 아틀란티스였다고 주장하였다.

그러나 현대 과학, 특히 지난 30년 동안 장족의 발전을 이룩한 해양지질학에 비추어 보면 도넬리의 이론, 특히 그가 모든 이

론의 바탕으로 삼은 기본 가정, 즉 아틀란티스가 대서양에 존재
했다는 가정은 오류라는 주장이 제기되었다. 대륙 형성 및 해저
에 관한 해양학 연구 결과, 면적이 9200만 킬로미터나 되는 대서
양 어느 곳에도 아틀란티스가 가라앉은 것만큼 큰 규모의 지각
변동이 일어났다는 증거나 그러한 대륙이 존재했다는 증거가 전
혀 없다는 것이다. 아조레스 제도에서 시작해 북쪽에서 남쪽으
로 약 2만 킬로미터가량 뻗어 내려간 거대한 해저산맥이 존재하
기는 한다. 그러나 이 산맥이 아틀란티스 대륙이라면 침강 중이
어야만 한다. 그런데 이 산맥은 비록 화산 산맥이기는 하지만 바
다 표면을 향해 '융기하는 중'이다.

그러나 이후에도 그 후예들은 아틀란티스가 분명 대서양 아래
가라앉았다고 끊임없이 주장했다. 그 증거를 찾기 위해 미국의
해상고고학자 연구회에 소속한 징크(D. Zink)와 일부 학자들은
바하마의 여울을 샅샅이 뒤졌으며, 러시아의 잠수함은 한동안
아조레스 제도의 심연에서 고대 문명의 흔적을 찾아다녔다. 대
서양이 아니라 페루나 아나톨리아 지방에서 그 흔적을 찾으려는
사람들도 있었다. 물론 아직까지 주목할 만한 결과는 나오지 않
았지만 20세기 후반부터 최근에 이르기까지 아틀란티스 관련 학
자들은 이 주제에 관련된 주목할 만한 이론적 논의들을 심심치
않게 제기하고 있다.

그중 한 논의는 아이러니컬하게도 케이스(E. Cayce)라는 초능

력자의 주장에서 촉발되었다. 케이스에 의하면 아틀란티스 대륙은 현재의 사르갓소해에서 아조레스 제도에까지 걸쳐져 있었으며 아틀란티스는 현대 문명에 필적하는 고도의 문명을 가지고 있었다. 그중에서도 특수한 돌에서 나오는 에너지 시스템은 하나의 문명을 멸할 정도로 큰 힘을 가지고 있었다고 한다. 그에 의하면 아틀란티스에서는 역사상 세 번의 대지진이 일어났는데, 첫 지진 때는 대륙이 여러 개의 섬으로 분열되었고, 지금으로부터 1만 2천 년 전에 일어난 세 번째 대지진에 이르러서는 플라톤이 말하고 있는 것처럼 대륙이 완전히 궤멸되어 바다에 잠겨 버렸다고 한다. 게다가 그는 그곳이 바하마 제도 근처이며, 1968년 또는 1969년에 이르면 아틀란티스가 다시금 그 근처 해역에서 부상할 것이라고 예언했다. 그런데 우연치 않게도 1968년 비미니(Bimini) 제도 상공을 비행하던 미국인 파일럿이 해수면에서 그리 깊지 않은 곳에서 유적을 발견했고, 그 후 고고학자 밸런타인(J. M. Valentine)은 그 주변에서 기하학적인 모양으로 늘어선 '비미니 로드(Bimini Road)'라는 해저 포장도로 유적을 발견했다고 발표했다. 물론 마이애미의 고고학자 홀(J. Hall) 교수는 이것이 수천 년 동안 조갯가루 같은 수생 잔여물이 축적돼 생긴 자연 작용이라고 일축했지만, 미국환경연구협회의 지질학자였던 해리슨(W. Harrison)은 1971년 이곳을 조사한 후 《네이처》에서 '그 지형물은 실제로 해변 암석이 가라앉은 것'이라고 주장했다. 또

해양생물학자 깁포드(J. Gifford)는 "만약 지질학적인 자연의 압력을 받아 돌의 배열이 형성되었다면 그것보다 훨씬 더 큰 규모로 존재했을 것"이라는 반론을 제기했다. 해양고고학자 징크 또한 "돌의 일부는 분명 인간의 손길이 가해진 것이다"라고 말했다. 그러나 최근의 과학 조사에 따르면 비미니 로드를 포함한 해저 유적은 마야 문명의 유산일 가능성이 높다. 위치상으로도 별개의 대륙이라기보다는 남아메리카 대륙의 일부이며, 좁은 범위의 대륙붕이 함몰한 것에 지나지 않는다는 것이다.

그러나 아틀란티스의 위치에 관한 여러 가지 주장들 중에는 매우 설득력 있는 논문으로 발표된 것도 많은데, 그 대표적인 것들 중 하나는 아틀란티스가 지중해에서 지진으로 그 일부가 궤멸된 테라섬(현재의 산토리니섬)이라는 주장이다. 이러한 주장은 1969년, 그리스의 고고학자 안젤로스 갈라노풀로스(A. G. Galanopoulos) 교수가 처음으로 제기했다.[2] 그에 의하면, 아틀란티스는 미노스 문명의 일부이며, 기원전 1500년 에게해 남부 퀴크라데스 제도의 테라섬에서 일어난 화산 폭발로 궤멸되었다. 그 화산 폭발은 그리스의 섬들 대부분과 그리스 동부 및 크레타섬 북부 연안 지대에도 타격을 주었다고 한다. 플라톤도 말하고

2 Galanopoulos. A. G. & E. Bacon, *Atlantis : The truth behind the legend*, Nelson, London, 1969.

있는 것처럼, 그 폭발은 아테네에도 분명 심대한 피해를 입혔을 것이다. 플라톤은 9000년 전 아틀란티스가 아테네와 전쟁을 했다고 기술했지만, 그는 고대 그리스 아테네가 그렇게 오래 전부터 존재했을 리 없다고 주장한다. 실제로 그 시기는 플라톤보다 9000년 앞선 시기가 아니라 900년 앞선 시기인 기원전 1400년경으로, 미노스 문명이 영화를 누리고 있었던 시대와도 일치한다.

또, 그들은 아틀란티스가 "헤라클레스의 기둥의 바깥쪽에 있는 큰 섬"이라는 기술이 그것이 대서양에 존재했다는 결정적인 증거는 될 수 없다고 주장한다. 이전까지는 헤라클레스의 기둥이 지브롤터 해협을 가리킨다고 생각했지만, 실제로는 하나의 장소, 즉 헤라클레스의 기둥으로 불리는 구역이 존재했던 것으로 판명되었다는 것이다. 그 구역은 다름 아닌 고대 그리스의 미케네이며, 테라섬은 그 미케네 바깥쪽에 위치하고 있었다. 게다가 플라톤은 아틀란티스를 가리켜 어디에서도 '대륙(ēpeiros)'이라고 이야기하지 않았으며 어디까지나 큰 '섬(nēsos)'이라고만 표현했다(『티마이오스』 24e). 그것이 '리비아와 아시아보다도 크다'는 표현이 나오지만 그것은 어디까지나 당시의 지리관에 근거한 것이므로 오늘날 우리가 알고 있는 대륙에 필적할 만큼 크다고 생각해야 한다는 근거는 없다는 것이다.

테라섬이 궤멸한 것은 아테네의 입법가 솔론이 살아 있었던 시대보다 약 900년 앞선 시기이다. 9000년 전은 아니라는 말이다. 여기서 갈라노풀로스는 기록자들이 숫자를 잘못 써 10배가되었다고 생각한다. 그에 따르면 고대 그리스의 필사자들은 100을 나타내는 이집트의 문자 '감겨진 로프'를 1000을 나타내는 이집트의 문자 '연꽃'으로 혼동했다고 한다. 확실히 플라톤이 가리키는 숫자는 모두 비정상적으로 크다. 아틀란티스 평야를 둘러싼 운하의 길이 1만 스타디온(약 1776km)은 현대 런던 둘레의 20배나 되고, 또 운하의 폭과 깊이는 각각 약 90m와 30m 정도로 너무 거대하다. 페리클레스 시절 그리스 선박의 크기를 기준으로 생각하면 폭과 길이가 각각 9m와 3m인 규모의 운하가 훨씬 현실적인 것이다.

그렇다면 가로 세로 각각 355km×533km로 기술된 직사각형 모양의 평야의 크기도 가로 세로 각각 36km×53km가 되는 셈이므로 섬의 규모는 훨씬 작아진다. 실제로 현재 산토리니섬에서 함몰된 부분에 100을 곱하면 플라톤이 기술한 아틀란티스 대륙의 둘레와 정확히 일치한다. 또 이집트에는 해를 중심으로 연대를 계산하는 방법 외에 달을 중심으로 연대를 계산하는 방법도 있었으므로, 이런 점을 고려하면 9000년은 9000개월일 수도 있다. 솔론이 개월 수를 햇수로 잘못 생각했다는 것이다. 요컨대 솔론이 활동하던 기원전 590년에서 9000개월(750년)을 거슬러 올라가면 기원전 1340년이 되는데, 이는 결국 산토리니섬에 발달해 있었던 미노스 문명이 멸망한 시기와 매우 근접해 있다. 실제, 당시 미노스인들은 해상 교역으로 막대한 부를 누리고 있었고 궁전을 장식하는 릴리프나 벽화 및 토기의 도안에는 플라톤이 아틀란티스에 대해 기술한 것과 유사한 수소 사냥 광경이 그려져 있었다. 당초 산토리니섬은 미노스 문명과는 동떨어진 변경의 땅으로 여겨진 탓에, 낙원으로 묘사된 아틀란티스와는 많이 어긋난다는 점에서 이러한 주장에 회의적인 사람이 많았다. 그러나 1967년 그리스의 고고학자 마리나토스(S. Marinatos)는 산토리니섬에서 크노소스에 버금가는 고대 청동기 시대의 유적을 발견했을 뿐만 아니라, 아틀란티스에 있었다고 전해지는 것과 유사한 환상 수로와 직선 수로가 이곳에서도 역시 존재했다는 것을 확인했다. 이처럼 많은 학자들이 미노스 문명은 아틀란티스인이 건설했다는 주장을 지지하고 있어 아틀란티스섬이 테라섬이라는 주장은 나날이 신빙성을 더해 가고 있다. 어쨌든 산토리니섬의 궤멸이 아틀란티스 전설의 토대가 되었다는 것에는 거의 의심의 여지가 없다.

그러나 이 주장을 받아들이는 데는 여전히 심각한 의문들이 남아 있다. 고대 그리스 필사자들이 이집트 숫자를 오해하기에는 100과 1000을 나타내는 상형문자가 시각적으로 너무 다르다는 것이다. 또, 1977년에 독일 과학자들이 화산 분출물들을 분석한 결과, 산토리니섬의 폭발은 크레테에 거의 아무런 영향을 미

치지 않았다는 사실도 밝혀졌다. 나아가 최근에는 미노스 문명
이 멸망한 것은 지진 때문이 아니라 지진이 일어난 후 약 1세기
뒤에 있었던 미케네군의 공격 때문이라는 주장도 강력히 제기되
고 있다. 이 밖에도 최근 앤드류 콜린스(A. Collins)는 아틀란티스
가 쿠바와 카리브해 인근에 자리하고 있었으며 운석 충돌 때문
에 사라졌다는 새로운 이론을 최신 과학적 성과들에 기초해 다
각적으로 제기했지만, 그 반론 또한 만만치 않다.

6. 아틀란티스 — 영원한 테마

플라톤이 쓴 이야기는 분명 많은 사람들로부터 관심을 받을
만한 흥미진진한 것이다. 상상의 세계를 창조한 사람들 중에서
플라톤만큼 오랫동안 광범위하게 영향을 미친 사람도 없을 것
이다. 앞에서도 살펴보았지만, 아틀란티스에 관한 이야기는 서
양 문학을 비롯한 다양한 분야에서 지대한 영향을 미쳐 왔다. 그
러나 엄밀히 말해 그것은 학문으로서의 지질학이나 인류학, 고
고학 등과는 아무런 관련도 없다. 플라톤은 그러한 학문에 대해
서 아는 바가 없었다. 물론 없어진 대륙은 분명히 존재했을지도
모른다. 그러나 그것은 연대적으로 플라톤의 이야기와는 연결되
지 않는다. 지질학적인 변동은 몇백만 년, 몇천만 년, 혹은 몇억
년 전에 있었던 일이며 플라톤이 말하고 있는 그런 수준의 것은
아니었다. 또 원시시대의 인간이 단지 구전을 통해 그러한 일들

을 그렇게 오래도록 전할 수도 없었을 것이다. 오늘날 고고학계에서도 아틀란티스 대륙을 가공의 대륙으로 간주하거나, 청동기 시대 크레테에서 번성한 미노스 문명의 영화를 우화적으로 표현한 것으로 간주하는 것이 일반적이다. 어쨌든 플라톤을 비롯해 그 시대 지식인들이 아틀란티스 이야기와 같은 이야기를 구성해 내려고 했다면 그 소재는 극히 제한된 것이었을 것이다.

게다가 이 이야기가 목표로 하는 것은 역사나 과학이 아니라 윤리나 철학이다. 사실 플라톤은 많은 대화편들을 통해 자신이 구상한 이상 국가가 실제 현실에서도 충분히 실현 가능한 것임을 증명해 보이려고 했지만 여러 가지가 충족되지 못한 상태로 남겨졌다. 그런데 그는 이러한 이야기를 좀 더 잘 뒷받침할 수 있는 충분한 재능과 소재들을 갖추고 있었다. 그러한 까닭에 그는 자신의 천재적인 상상력을 동원하여 거대한 우화를 만들어 냈던 것인지도 모른다.

사실 아틀란티스에 대한 이야기 속에서 그것이 상징하고 있는 현실을 추측해 보는 것은 그리 어려운 일이 아니다. 예를 들어, 아틀란티스와 아테네 사이에 일어났던 전쟁은 1세기 전 실제로 일어났던 그리스와 페르시아 혹은 카르타고와의 전쟁을 근거로 한 것일 수 있다. 게다가 플라톤이 그리는 역사 이전 시대의 아테네는 그가 『국가』에서 말하고 있는 이상 국가를 그대로 표방하고 있다. 그는 아틀란티스 역시 처음에는 아테네와 마찬가지로 이상적인 나라였다고 말하고 있지만, 그 신적인 부분이 사멸하는 것들과 섞이며 타락해, 물욕에 사로잡히게 되었다고 묘사한다. 아틀란티스에 관한 이 이야기 역시 『국가』 8권에서 언급하고 있는 정치체제의 변화 과정과 딱 들어맞는다. 그의 이야기 속 영웅인 아테네의 선조들은 거친 황무지 같은 토지에서 땀 흘려 일하면서도 절제 있고 격조 있는 생활을 유지하고 있었으나, 악역으로 등장하는 아틀란티스의 통치자들은 몇 세기 동안 비옥한 토지에서 편안한 삶을 누리면서도 격조는커녕 자신을 다스리지도 못하고 탐욕에 빠져 타락의 길을 걷고 있었던 것이다. 지도자 개인의 부패는 곧 나라의 부패를 낳고 결국은 나라와 개인 모두를 파멸로 이끌었다.

그러나 플라톤은 자신의 이야기 속에 그러한 의도를 담고 있으면서도, 먼 훗날 후세의 사람들이 자신이 그린 아틀란티스 이야기를 문자 그대로 받아들이리라고는, 그리고 그것을 신봉하는 사람들까지 생겨나리라고는 전혀 예상하지 못했을 것이다. 사실 에덴동산, 유토피아, 황금시대 등과 같은 이상향은 고통스러운 삶의 역사를 살아온 인류의 내적 열망과 기대를 담아내면서 많은 문필가들의 창작 소재가 되어 왔고, 아직도 많은 사람들이 사람들의 발길이 닿지 않은 어딘가에 위대한 창작물 속 이상향이 존재한다고 믿고 있다. 그래서 몇몇의 독자들은 사실과 허구를 구별하지 못하고 그러한 이야기가 사실이라고 굳게 믿어 버리곤

한다. 『유토피아(Utopia)』를 쓴 16세기의 이상주의자 토머스 모어 경은 당혹스럽게도 어떤 프랑스 학자로부터 유토피아에는 기독교인을 파견해야 한다는 서한을 받기도 했다.

플라톤 이래 아틀란티스 이야기가 역사적 사실이라고 믿는 사람들은 끊임없이 나타났고 지금까지도 그러한 주장을 뒷받침하려는 견해들이 간간이 제기되고 있다. 그러나 그러한 견해들을 맹목적으로 받아들여서는 안 될 것이다. 오늘날 아틀란티스에 대한 열렬한 신봉자는, 이 미지의 나라와 그곳에 살던 주민, 그리고 육지 함몰에 관한 이야기를 그대로 믿고 플라톤의 이야기가 조금도 왜곡되어서는 안 된다고 주장한다. 그러나 회의론자들은 오히려 아틀란티스 이야기는 플라톤이 기존의 지리적·역사적·신화적인 이야기들에 착안하여 그것들을 종합하고 자기의 의도에 맞게 꾸며 낸 것이 틀림없다고 반론한다. 사실 최근에 제기된 이론들 대부분은 이미 옛날에 완전히 부정된 '초기 아틀란티스트'들의 주장을 다시 문제 삼은 것들이거나, 과거 반세기 사이에 진행된 장족의 과학적 진보에 대해서는 전혀 알 리가 없었던 18~19세기의 역사가, 인류학자, 지질학자들의 잘못된 추론을 그대로 반복하고 있다. 극단적인 문화 전파론자(diffusionist)나 10지파론자들(Ten Tribists)같이, 세계 각지에서 볼 수 있는 문화와 언어의 미미한 유사성을 극단적으로 단순화해 마치 특별한 진실을 발견한 듯 주장하는 사람들도 있지만,

그것은 분명히 합리적인 사고가 아니다. 산재하는 인류의 문화적 특징들이 어떤 관계를 가지고 있는지 올바르게 밝혀 내기 위해서는 그것들 사이의 유사성만을 생각하는 것으로는 부족하다. 또 다른 가능성을 열어 주는 모든 변수들을 고려해 가며 차이점도 생각하지 않으면 안 되는 것이다.

그러나 어찌되었건 아틀란티스에 대한 플라톤의 기록이 진실인지 그렇지 않은지는 그리 중요한 것이 아닐 듯하다. 그 속에서 진실을 발견할 경우 허구로 가득 차 있는 소설조차도 위대한 소설이라고 평가할 수 있을 것이기 때문이다. 따라서 이미 사라진 문명, 바다 속에 가라앉은 대륙이라는 소재는 문학을 창작하는 이들에게 신이 내려 준 선물이라 하지 않을 수 없다. 실로 인간은 아득한 옛날부터 아름답고 풍요로우며 평화롭고도 공정한 나라를 늘 동경해 왔다. 현실에서 만들 수 없는 나라라면 상상의 세계에서라도 만들어 자신들의 마음을 위로했던 것이다. 그리고 실제로 아틀란티스 이야기는 2000년이 넘는 기나긴 세월 동안 아름다운 것에 대한 애절함, 융성의 정점에서 급작스럽게 사라진 문명에 대한 아련함으로 수많은 사람들의 관심과 상상력을 불러일으켜 왔다.

대부분의 사람들은 알 수도 없고 볼 수도 없지만 언젠가 기적처럼 일어날 수도 있는 미래의 꿈과 소망과 환상을 늘 가슴속에 간직하고 있다. 이러한 의미에서 아틀란티스는 인간의 잠재의식

속에서 늘 살아 움직이며 끝없이 우리의 환상과 호기심을 자극하는 영원한 소재라 할 수 있을 것이다.

참고 자료

〈플라톤과 크리티아스의 가계도〉

1) 전체 가계도

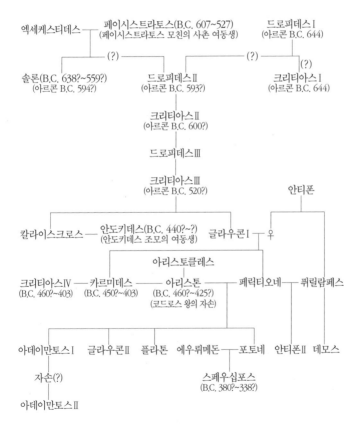

2) 여러 작품들에 나타난 크리티아스의 가계도

A. 『티마이오스』

B. 『티마이오스』, 『소크라테스의 변명』
『프로타고라스』, 『파르메니데스』

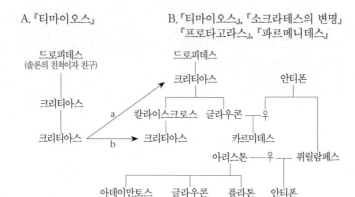

C. 라에르티오스 『철학자 열전』
플라톤 전기, 스페우십포스 전기

D. 프로클로스 『티마이오스 주석』

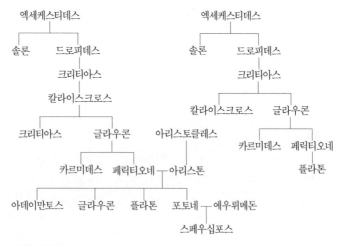

* 가계도 A의 크리티아스가 a인지 아니면 b인지가 논란거리이다.

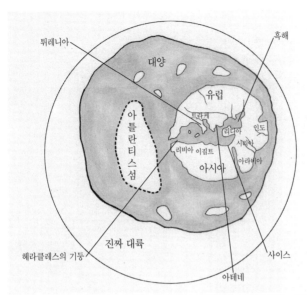

〈그림 1〉 대양과 진짜 대륙을 포함한 아틀란티스 주변도 [박종현(2000) p. 265 참고].

〈그림 2〉 1644년 아타나시우스 키르헤가 그린 아틀란티스 지도를 참고한 그림.
오늘날의 지도와 달리 남북 방향이 거꾸로 되어 있다.

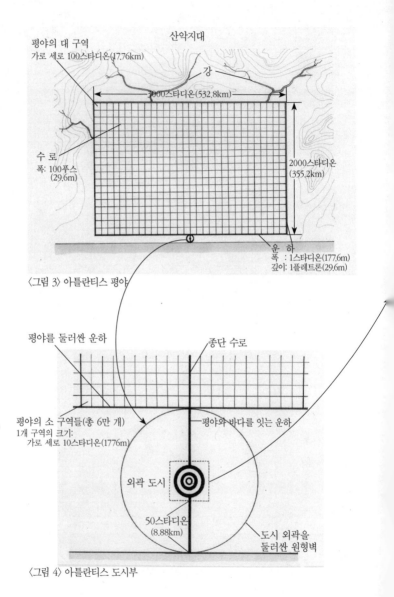

평야의 대 구역
가로 세로 100스타디온(17.76km)

산악지대

강

3000스타디온(532.8km)

2000스타디온
(355.2km)

수 로
폭: 100푸스
(29.6m)

운 하
폭 : 1스타디온(177.6m)
깊이: 1플레트론(29.6m)

〈그림 3〉 아틀란티스 평야

평야를 둘러싼 운하

종단 수로

평야의 소 구역들(총 6만 개)
1개 구역의 크기:
　가로 세로 10스타디온(1776m)

평야와 바다를 잇는 운하

외곽 도시

50스타디온
(8.88km)

도시 외곽을
둘러싼 원형벽

〈그림 4〉 아틀란티스 도시부

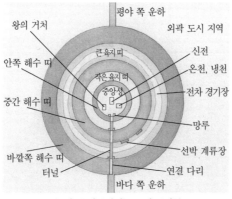

평야 쪽 운하

왕의 거처

외곽 도시 지역

큰 육지띠

신전

안쪽 해수 띠

온천, 냉천

작은 육지 띠

중앙성

중간 해수 띠

전차 경기장

망루

선박 계류장

바깥쪽 해수 띠

연결 다리

터널

바다 쪽 운하

〈그림 5〉 아틀란티스 도시 중앙부

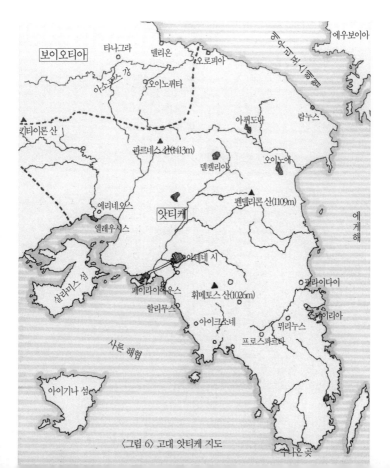

〈그림 6〉 고대 앗티케 지도

〈그림 7〉 아틀란티스 도시부 상상도

사단법인 정암학당을 후원해 주시는 분들

정암학당의 연구와 역주서 발간 사업은 연구자들의 노력과 시민들의 귀한 뜻이 모여 이루어집니다. 학당의 모든 연구는 시민들의 자발적인 후원을 바탕으로 하기 때문입니다. 그 결실을 담은 '정암고전총서'는 연구자와 시민의 연대가 만들어 내는 고전 번역 운동의 산물이라고 할 수 있습니다. 이 같은 학술 운동의 역사적 의미를 기리고자 이 사업에 참여한 후원회원 한 분 한 분의 정성을 이 책에 기록합니다.

평생후원회원

Alexandros Kwanghae Park	강대진	강상진	강선자	강성훈	강순전	강창보
강철웅	고재희	권세혁	기종석	길명근	김경랑	김기영	김남두	김대오
김미성	김미옥	김상기	김상수	김상욱	김상현	김석언	김석준	김성환
김숙자	김영균	김영일	김운찬	김 율	김은자	김인곤	김재홍	김정락
김정란	김정례	김정명	김정신	김주일	김진성	김진식	김출곤	김 헌
김현래	김현주	김혜경	김효미	류한형	문성민	문수영	문종철	박계형
박금순	박금옥	박명준	박병복	박복득	박선미	박세호	박승찬	박윤재
박정수	박정하	박종철	박진우	박창국	박태일	박현우	반채환	배인숙
백도형	백영경	변우희	서광복	서 명	설현석	성중모	손윤락	송경순
송대현	송성근	송유레	송정화	신성우	심재경	안성희	안 욱	안재원
안정옥	양문흠	여재훈	염수균	오지은	오흥식	유익재	유재민	유태권
유 혁	윤나다	윤신중	은규호	이기백	이기석	이기연	이기용	이두희
이명호	이민정	이상구	이상원	이상익	이상인	이상희(69)	이상희(82)	이석호
이수미	이순이	이순정	이승재	이영원	이영호(48)	이영환	이옥심	이용술
이용재	이용철	이원제	이원혁	이유인	이은미	이임순	이재경	이정선(71)
이정선(75)	이정숙	이정식	이정호	이종환(71)	이종환(75)	이주형	이지수	이 진
이창우	이창연	이창원	이충원	이춘매	이태수	이태호	이필렬	이향섭
이향자	이현숙	이황희	이현임	임대윤	임보경	임성진	임연정	장경란
장동익	장미성	장영식	전국경	전병환	전헌상	전호근	정선빈	정세환
정순희	정연교	정 일	정정진	정제문	정준영(63)	정준영(64)	정태흡	정해남
정흥교	정희영	조광제	조대호	조병훈	조익순	차기태	차미영	최 미
최세용	최수영	최병철	최영임	최영환	최운규	최원배	최윤정(77)	최은영
최인규	최지호	최 화	표경태	풍광섭	하선규	하성권	한경자	한명희
한남진	허선순	허성도	허영현	허용우	허정환	허지현	홍순정	홍 훈
황규빈	황희철							

와우리〈책방이음〉	도미니코 수도회	도바세	방송대문교소담터스터디
송대영문과07 학번미아팀	법률사무소 큰숲	부북스출판사(신현부)	
각과느낌 정신건강의학과	이제이북스	카페 벨라온	

개인 216, 단체 10, 총 226

후원위원

강승민	강용란	강진숙	강태형	고명선	곽삼근	곽성순	김경원	길양란
김경현	김대권	김명희	김미란	김미선	김미향	김백현	김병연	김복희
김상봉	김선희(58)	김성민	김성윤	김수복	김순희(1)	김승우	김양희(1)	김양희(2)
김애란	김영란	김용배	김윤선	김정현	김지수(62)	김진숙(72)	김현제	김형준
김형희	김희대	맹국재	문영희	박미라	박수영	박우진	백선옥	사공엽
서도식	성민주	손창인	손혜민	손효주	송봉근	송상호	송순아	송연화
송찬섭	신미경	신성은	신재순	심명은	엄윤경	오현주	오현주(62)	우현정
원해자	유미소	유효경	윤정혜	이경진	이명옥	이봉규	이봉철	이선순
이선희	이수민	이수은	이승목	이승준	이신자	이정민	이지희	이진희
이평순	이한주	임경미	임우식	장세백	전일순	정삼아	정선빈	정현석
조동제	조문숙	조민아	조백현	조범규	조정희	조준호	조진희	조태현
주은영	천병희	최광호	최세실리아		최수렬	최승아	최정옥	최효임
한대규	허 민	홍순혁	홍은규	홍정수	황정숙	황훈성		

정암학당1년후원

문교경기〈처음처럼〉	문교수원3학년학생회	문교안양학생회
문교경기8대학생회	문교경기총동문회	문교대전충남학생회
문교베스트스터디	문교부산지역7기동문회	문교부산지역학우일동(2018)
문교안양학습관	문교인천동문회	문교인천지역학생회
방송대동아리〈아노도스〉	방송대동아리〈예사모〉	방송대동아리〈프로네시스〉
사가독서회		

개인 115, 단체 16, 총 131

후원회원

강경훈	강경희	강규태	강보슬	강상훈	강선옥	강성만	강성식	강성심
강신은	강유선	강은미	강은정	강임향	강주완	강창조	강 항	강희석
고경효	고복미	고숙자	고승재	고창수	고효순	곽범환	곽수미	구본호
구익희	권 강	권동명	권미영	권성철	권순복	권순자	권오성	권오영
권용석	권원만	권장용	권정화	권해명	김경미	김경원	김경화	김광석
김광성	김광택	김광호	김귀녀	김귀종	김길화	김나경(69)	김나경(71)	김남구
김대겸	김대훈	김동근	김동찬	김두훈	김 들	김래영	김명주(1)	김명주(2)
김명하	김명화	김명희(63)	김문성	김미경(61)	김미경(63)	김미숙	김미정	김미형
김민경	김민웅	김민주	김범석	김병수	김병옥	김보라미	김봉습	김비단결
김선규	김선민	김선희(66)	김성곤	김성기	김성은(1)	김성은(2)	김세은	김세원
김세진	김수진	김수환	김순금	김순옥	김순호	김순희(2)	김시형	김신태
김승원	김아영	김양식	김영선	김영숙(1)	김영숙(2)	김영순	김영애	김영준
김옥경	김옥주	김용술	김용한	김용희	김유석	김유순	김은미	김은심
김은정	김은주	김은파	김인식	김인애	김인욱	김인자	김일학	김정식
김정현	김정현(96)	김정화	김정훈	김정희	김종태	김종호	김종희	김주미

김중우	김지수(2)	김지애	김지유	김지은	김진숙(71)	김진태	김철한	김태식
김태욱	김태헌	김태희	김평화	김하윤	김한기	김현규	김현숙(61)	김현숙(72)
김현우	김현정	김현철	김형규	김형전	김혜숙(53)	김혜숙(60)	김혜원	김혜자
김혜정	김홍명	김홍일	김희경	김희성	김희준	나의열	나춘화	남수빈
남영우	남원일	남지연	남진애	노마리아	노미경	노선이	노성숙	노혜경
도종관	도진경	도진해	류다현	류동춘	류미희	류시운	류연옥	류점용
류종덕	류진선	모영진	문경남	문상흠	문영식	문정숙	문종선	문준혁
문찬혁	문행자	민 영	민용기	민중근	민해정	박경남	박경수	박경숙
박경애	박귀자	박규철	박다연	박대길	박동심	박명화	박문영	박문형
박미경	박미숙(67)	박미숙(71)	박미자	박미정	박배민	박보경	박상선	박상준
박선대	박선희	박성기	박소운	박순주	박순희	박승억	박연숙	박영찬
박영호	박옥선	박원대	박원자	박윤하	박재준	박정서	박정오	박정주
박정은	박정희	박종례	박종민	박주현	박준용	박지영(58)	박지영(73)	박지희
박진만	박진현	박진희	박찬수	박찬은	박춘례	박한종	박해윤	박헌민
박현숙	박현자	박현정	박현철	박형전	박혜숙	박홍기	박희열	반덕진
배기완	배수영	배영지	배제성	배효선	백기자	백선영	백수영	백승찬
백애숙	백현우	변은섭	봉성용	서강민	서경식	서동주	서두원	서민정
서범준	서승일	서영식	서옥희	서용심	서월순	서정원	서지희	서창립
서회자	서희승	석현주	설진철	성 염	성윤수	성지영	소도영	소병문
소선자	손금성	손금화	손동철	손민석	손상현	손정수	손지아	손태현
손혜정	송금숙	송기섭	송명화	송미희	송복순	송석현	송염만	송요중
송원욱	송원희	송유철	송인애	송태욱	송효정	신경원	신기동	신명우
신민주	신성호	신영미	신용균	신정애	신지영	신혜경	심경옥	심복섭
심은미	심은애	심정숙	심준보	심희정	안건형	안경화	안미희	안숙현
안영숙	안정숙	안정순	안진구	안진숙	안화숙	안혜정	안희경	안희돈
양경엽	양미선	양병만	양선경	양세규	양지연	엄순영	오명순	오서영
오승연	오신명	오영수	오영순	오유석	오은영	오진세	오창진	오혁진
옥명희	온정민	왕현주	우남권	우 람	우병권	우은주	우지호	원만희
유두신	유미애	유성경	유정원	유 철	유향숙	유형수	유희선	윤경숙
윤경자	윤선애	윤수홍	윤여훈	윤영미	윤영선	윤영이	윤 옥	윤은경
윤재은	윤정만	윤혜영	이건호	이경남(1)	이경남(72)	이경미	이경선	이경아
이경옥	이경원	이경자	이경희	이관호	이광로	이광석	이광영	이군무
이궁훈	이권주	이나영	이덕제	이동래	이동조	이동춘	이명란	이명순
이미란	이미옥	이민숙	이병태	이복희	이상규	이상래	이상봉	이상선
이상훈	이선민	이선이	이성은	이성준	이성호	이성훈	이성희	이세준
이소영	이소정	이수경	이수련	이숙희	이순옥	이승훈	이시현	이아람
이양미	이연희	이영숙	이영실	이영애	이영철	이영호(43)	이옥경	이용숙
이용웅	이용찬	이용태	이원용	이윤주	이윤철	이은규	이은심	이은정
이은주	이이숙	이인순	이재현	이정빈	이정석	이정선(68)	이정애	이정임

이종남	이종민	이종복	이주완	이중근	이지석	이지현	이진우	이철주
이춘성	이태곤	이평식	이표순	이한솔	이현호	이혜영	이혜원	이호석
이화선	이희숙	이희정	임석희	임솔내	임창근	임현찬	임환균	장모범
장시은	장영애	장영재	장오현	장지나	장지원(65)	장지원(78)	장지은	장철형
장태순	장홍순	전경민	전다록	전미래	전병덕	전석빈	전영석	전우성
전우진	전종호	전진호	정가영	정경희	정계란	정금숙	정금연	정금이
정금자	정난진	정미경	정미숙	정미자	정상묵	정상준	정선빈	정세영
정아연	정양민	정양욱	정 연	정연화	정영목	정옥진	정용백	정우정
정유미	정은교	정은정	정일순	정재웅	정정녀	정지숙	정진화	정창화
정하갑	정해경	정현주	정현진	정호영	정환수	조권수	조길자	조덕근
조미선	조미숙	조병진	조성일	조성혁	조수연	조영래	조영수	조영신
조영호	조용수	조용준	조윤정	조은진	조정란	조정미	조정옥	조증윤
조창호	조현희	조황호	주봉희	주연옥	주은빈	지도영	지정훈	진동성
차경숙	차문송	차상민	차혜진	채수환	채장열	천동환	천명옥	최경식
최명자	최미경	최보근	최석묵	최선회	최성준	최수현	최숙현	최영란
최영순	최영식	최영아	최원옥	최유숙	최유진	최윤정(66)	최은경	최일우
최자련	최재식	최재원	최재혁	최정욱	최정호	최종희	최준원	최지연
최혁규	최현숙	최혜정	하혜용	한미영	한생곤	한선미	한연숙	한옥희
한윤주	함귀선	허미정	허성준	허 양	허 웅	허인자	허정우	홍경란
홍기표	홍병식	홍섬의	홍성경	홍성규	홍성은	홍영환	홍의중	홍지흔
황경민	황광현	황미영	황미옥	황선영	황예림	황유리	황은주	황재규
황정희	황주영	황현숙	황혜성	황희수	kai1100	익명		

리테라 주식회사	문교강원동문회	문교강원학생회
문교경기〈문사모〉	문교경기동문〈문사모〉	문교서울총동문회
문교원주학생회	문교잠실송파스터디	문교인천졸업생
문교전국총동문회	문교졸업생	문교8대전국총학생회
문교11대서울학생회	문교K2스터디	서울대학교 철학과 학생회
(주)아트앤스터디	영일통운(주)	장승포중앙서점(김강후)
책바람		

개인 682, 단체 19, 총 701

2020년 8월 31일 현재, 1,013분과 45개의 단체(총 1,058)가 정암학당을 후원해 주고 계십니다.

▌옮긴이

이정호

한국방송통신대학교 문화교양학과 교수로 재직하다 정년퇴임하였다. 현재 그리스 로마 원전
을 연구하는 사단법인 정암학당 이사장으로 있다.

정암고전총서는 정암학당과 아카넷이 공동으로 펼치는 고전 번역 사업입니다. 고전의 지혜를 공유하여 현재를 비판하고 미래를 내다보는 안목을 키우는 문화적 기반을 마련하고자 합니다.

정암고전총서 플라톤 전집

크리티아스

1판 1쇄 찍음 2020년 9월 7일
1판 1쇄 펴냄 2020년 9월 22일

지은이 플라톤
옮긴이 이정호
펴낸이 김정호
펴낸곳 아카넷

출판등록 2000년 1월 24일(제406-2000-000012호)
주소 10881 경기도 파주시 회동길 445-3 2층
전화 031-955-9510(편집) · 031-955-9514(주문)
팩스 031-955-9519
www.acanet.co.kr

Printed in Paju, Korea.

ISBN 978-89-5733-693-9 94160
ISBN 978-89-5733-634-2 (세트)

도서의 국립중앙도서관 출판예정도서목록(CIP)은
서지정보유통지원시스템 홈페이지(http://seoji.nl.go.kr)와
국가자료공동목록시스템(http://www.nl.go.kr/kolisnet)에서 이용하실 수 있습니다.
(CIP제어번호: CIP2020035708)